12

LE CONFLIT

DU MÊME AUTEUR

L'Amour en plus. Histoire de l'amour maternel (XVIIe-XXe siècle), Flammarion, 1980 ; LGF, rééd. Flammarion, 2010.

Émile, Émilie. L'ambition féminine au XVIIIe siècle, Flammarion, 1983 ; LGF, rééd. sous le titre *Madame du Châtelet, Madame d'Épinay ou l'ambition féminine au XVIIIe siècle,* Flammarion, 2006.

L'un est l'autre. Des relations entre hommes et femmes, Odile Jacob, 1986 ; LGF, 1987.

Condorcet. Un intellectuel en politique, (avec Robert Badinter), Fayard, 1989 ; LGF, 1990.

XY. De l'identité masculine, Odile Jacob, 1992 ; LGF, 1994.

Les Passions intellectuelles. Tome I. *Désirs de gloire,* Fayard, 1999 ; Tome II. *Exigence de dignité,* Fayard, 2002 ; Tome III. *Volonté de pouvoir,* Fayard, 2007.

Fausse Route, Odile Jacob, 2003 ; LGF, 2005.

L'Infant de Parme, Fayard, 2008.

ÉDITIONS ET PRÉFACES

Les Remontrances de Malesherbes, 10/18, 1978 ; « Texto », 2008.

« Les Goncourt, romanciers et historiens des femmes », préface à *La Femme au XVIIIe siècle* d'Edmond et Jules de Goncourt, Flammarion, « Champs », 1982.

Correspondance inédite de Condorcet et Madame Suard, édition annotée et présentation, Fayard, 1988.

Madame d'Épinay, *Les Contre-Confessions,* préface, Mercure de France, « Le temps retrouvé », 2000.

Thomas, Diderot, Madame d'Épinay, *Qu'est-ce qu'une femme ?,* préface, POL, 1989.

Condorcet, Prudhomme, Guyomar…, *Paroles d'hommes (1790-1793),* présentation, POL, 1989.

Madame du Châtelet, *Discours sur le bonheur,* préface, Rivages poche, 1997.

Madame du Châtelet. *La Femme des Lumières* (dir.), BNF, 2006.

Isabelle de Bourbon-Parme, *Je meurs d'amour pour toi : lettres à l'archiduchesse Marie-Christine (1760-1763),* édition annotée et présentation, Tallandier, 2008.

Elisabeth Badinter

LE CONFLIT

la femme et la mère

Flammarion

À Robert

LA RÉVOLUTION SILENCIEUSE

1980-2010 : Une révolution s'est opérée dans notre conception de la maternité, presque sans qu'on y prenne garde. Aucun débat, aucun éclat de voix n'a accompagné cette évolution, ou plutôt cette involution. Pourtant son objectif est considérable puisqu'il s'agit ni plus ni moins que de remettre la maternité au cœur du destin féminin.

À la fin des années soixante-dix, dotées des moyens de maîtriser leur reproduction, les femmes aspirent à la conquête de leurs droits essentiels, la liberté et l'égalité (avec les hommes), qu'elles pensent pouvoir concilier avec la maternité. Cette dernière n'est plus l'alpha et l'oméga de la vie féminine. Une diversité de modes de vie s'ouvre à elles, inconnue de leurs mères. Elles peuvent donner la priorité à leurs ambitions personnelles, jouir de leur célibat et d'une vie de couple sans enfant ou bien satisfaire leur désir de maternité, avec ou sans activité professionnelle. Au demeurant cette nouvelle liberté s'est révélée source d'une forme de contradiction. D'une part, elle a sensiblement modifié le statut de la maternité en impliquant des devoirs accrus à l'égard de l'enfant que l'on *choisit* de faire naître. De l'autre, mettant fin aux anciennes notions de destin et de nécessité naturelle, elle place au premier plan la notion d'épanouissement personnel. Un enfant, deux ou plus, s'ils enrichissent notre vie affective et correspondent à notre choix de vie. Sinon, on préfère s'abstenir. L'individualisme et l'hédonisme propres à notre culture sont devenus les premiers motifs de notre reproduction, mais parfois aussi de son refus. Pour une majorité de femmes, la conciliation des devoirs maternels qui ne cessent de s'alourdir et de leur épanouissement personnel reste problématique.

Il y a trente ans, on espérait encore résoudre la quadrature du cercle par le partage équitable du monde extérieur et de l'univers familial avec les hommes. On crut même être sur la bonne voie lorsque les années quatre-vingts/quatre-vingt-dix sonnèrent le glas de nos espérances. Elles marquent en effet le début d'une triple crise fondamentale qui a mis fin [momentanément ?] aux ambitions de la décennie précédente : la crise économique conjuguée à une autre identitaire stoppa brutalement la marche vers l'égalité, comme en témoigne l'écart stagnant des salaires depuis cette époque.

La *crise économique* renvoya bon nombre de femmes dans leur foyer au début des années quatre-vingt-dix, et en particulier les moins formées et les plus fragiles économiquement. On leur proposa en France une allocation maternelle pour qu'elles restent à la maison et s'occupent de leurs jeunes enfants pendant trois ans. Après tout, disait-on, le maternage est un travail comme un autre, et même souvent plus valorisant qu'un autre, à ceci près qu'on ne l'estimait qu'à un demi SMIC ! Le chômage massif qui toucha les femmes plus durement encore que les hommes eut pour effet de remettre la maternité au devant de la scène : une valeur plus sûre et réconfortante qu'un travail mal payé que l'on peut perdre du jour au lendemain. Et ce, d'autant plus que l'on considère toujours le chômage du père plus destructeur que celui de la mère et que les pédopsychiatres découvraient sans cesse de nouvelles responsabilités à l'égard de l'enfant qui n'incombaient qu'à cette dernière.

Ainsi la crise économique eut des conséquences négatives sur l'évolution espérée des hommes. Leur résistance au partage des tâches et à l'égalité en fut accrue. Les débuts prometteurs que nous avions cru constater en restèrent là. La *crise égalitaire* que l'on mesure par l'écart des salaires entre hommes et femmes tire son origine de l'inégale répartition des travaux familiaux et ménagers. À ce jour, comme il y a vingt ans, ce sont toujours les femmes qui en assument les trois quarts. Pour autant, la crise économique n'est pas la seule cause de la stagnation de l'inégalité. Une autre, plus difficile encore à résoudre, est venue la renforcer : une *crise identitaire* probablement sans précédent dans l'histoire de l'humanité.

Jusqu'à hier les univers masculins et féminins étaient strictement différenciés. La complémentarité des rôles et des fonctions nourrissait le sentiment d'identité spécifique à chaque sexe. Dès lors qu'hommes et femmes peuvent assumer les mêmes fonctions et jouer les mêmes rôles – dans les sphères publiques et privées –, que reste-t-il de leurs différences essentielles ? Si la maternité est l'apanage de la femme, est-il concevable de s'en tenir à une définition négative de l'homme : celui qui ne porte pas d'enfant ?

De quoi provoquer un profond vertige existentiel chez celui-ci… La question fut rendue plus complexe encore par la possible dissociation du processus maternel et peut-être la nécessité d'une redéfinition de la maternité. La mère est-elle celle qui donne l'ovocyte, celle qui porte l'enfant ou celle qui l'élève ? Et dans ce dernier cas, que reste-t-il des différences essentielles entre paternité et maternité ?

Devant tant de bouleversements et d'incertitudes, la tentation est forte de s'en remettre à notre bonne vieille mère Nature et de fustiger les ambitions aberrantes de la génération précédente. Tentation renforcée par l'émergence d'un discours auréolé du voile de la modernité et de la morale qui a pour nom le naturalisme. Cette idéologie qui prône tout simplement un retour au modèle traditionnel pèse de tout son poids sur l'avenir des femmes et sur leurs choix. Comme Rousseau en son temps, on veut aujourd'hui les convaincre de renouer avec la nature et de revenir aux fondamentaux dont l'instinct maternel serait le pilier. Mais à la différence du XVIIIe siècle, elles ont aujourd'hui trois possibilités : adhérer, refuser ou négocier, selon qu'elles privilégient leurs intérêts personnels ou leur fonction maternelle. Plus cette dernière est intense, voire exclusive, plus elle a de chance d'entrer en conflit avec d'autres revendications et plus la négociation entre la femme et la mère est rendue difficile. À côté de celles qui trouvent leur pleine réalisation dans la maternité et celles de plus en plus nombreuses qui, volontairement ou non, lui tournent le dos, il y a toutes celles, sensibles à l'idéologie maternaliste dominante, qui s'interrogent sur la possibilité de concilier leurs désirs de femme et leurs devoirs de mère. Se faisant, l'illusion d'un front uni des femmes a volé en éclats, tant leurs intérêts peuvent diverger. De quoi, là aussi, remettre en question la définition d'une identité féminine...

Cette évolution observable dans tous les pays développés connaît pourtant de fortes nuances selon l'histoire et la culture de chacun. Anglo-saxonnes, Scandinaves, Méditerranéennes, mais aussi Germanophones ou Japonaises ont les mêmes interrogations et y répondent chacune à sa façon. Curieusement, les Françaises font en quelque sorte bande à part. Non qu'elles ignorent totalement le dilemme qui se pose aux autres, mais parce que leur conception de la maternité découle, on y reviendra, du statut particulier de la femme élaboré il y a plus de quatre siècles [1]. C'est peut-être bien grâce à

1. Elisabeth Badinter, *L'Amour en plus. Histoire de l'amour maternel. XVIIe-XXe siècle*, 1980.

celui-ci qu'elles sont aujourd'hui les plus fécondes d'Europe. À se demander si l'invocation toujours renaissante de l'instinct maternel, et des comportements qu'il suppose, n'est pas le pire ennemi de la maternité !

PREMIÈRE PARTIE

ÉTAT DES LIEUX

CHAPITRE PREMIER

LES AMBIVALENCES DE LA MATERNITÉ

Avant les années soixante-dix, l'enfant était la conséquence naturelle du mariage. Toute femme apte à procréer le faisait sans trop se poser de questions. La reproduction était à la fois un instinct, un devoir religieux et un autre dû à la survie de l'espèce. Il allait de soi que toute femme « normale » désirait des enfants. Évidence si peu discutée qu'on pouvait lire encore récemment dans un magazine : « Le désir d'enfant est universel. Il naît du tréfonds de notre cerveau reptilien, de ce pourquoi nous sommes faits : prolonger l'espèce [1]. » Pourtant, depuis qu'une grande majorité de femmes utilise un contraceptif, l'ambivalence maternelle apparaît plus

1. *Psychologies magazine*, mai 2009. Dossier « Vouloir un enfant ».

clairement et la force vitale issue de notre cerveau reptilien semble quelque peu affaiblie... Le désir d'enfant n'est ni constant ni universel. Certaines en veulent, d'autres n'en veulent plus, d'autres enfin n'en ont jamais voulu. Dès lors qu'il y a choix, il y a diversité des options et il n'est plus guère possible de parler d'instinct ou de désir universel.

LES AFFRES DE LA LIBERTÉ

Le choix d'être mère

Tout choix suppose une réflexion sur les motifs et les conséquences. Mettre un enfant au monde est un engagement à long terme qui implique de donner la priorité à celui-ci. C'est la décision la plus bouleversante qu'un être humain est amené à prendre dans sa vie. La sagesse commanderait donc qu'il y regarde à deux fois et s'interroge sérieusement sur ses capacités altruistes et le plaisir qu'il peut en tirer. Est-ce toujours le cas ?

Dernièrement *Philosophie magazine* a publié un sondage fort instructif[1]. À la question : « Pourquoi

1. Publié dans le n° 27 de mars 2009. Sondage réalisé par TNS-Sofres du 2 au 5 janvier 2009 sur un échantillon national représentatif de 1 000 personnes.

fait-on des enfants ? », les Français (hommes et femmes réunis) ont répondu en ces termes [1] :

Un enfant rend la vie de tous les jours plus belle et plus joyeuse	60 %
Cela permet de faire perdurer sa famille, de transmettre ses valeurs, son histoire	47 %
Un enfant donne de l'affection, de l'amour et permet d'être moins seul quand on vieillit	33 %
C'est faire cadeau de la vie à quelqu'un	26 %
Cela rend plus intense et plus solide la relation de couple	22 %
Cela aide à devenir adulte, à prendre des responsabilités	22 %
Cela permet de laisser une partie de soi sur Terre après sa mort	20 %
On peut permettre à son enfant de réaliser ce qu'on n'a pas pu faire soi-même	15 %
Avoir un enfant est une nouvelle expérience, cela introduit de la nouveauté	15 %
Pour faire plaisir à votre partenaire	9 %
C'est un choix religieux ou éthique	3 %
Autres réponses (non suggéré)	4 %
Vous avez eu un enfant sans raison particulière par accident	6 %
Total	
Ont des enfants, souhaitent ou auraient souhaité en avoir	91 %
N'ont pas d'enfants et ne souhaitent pas en avoir	9 %

1. Les personnes interrogées pouvaient donner plusieurs réponses.

Philosophie magazine fait observer à juste titre que si 48 % des réponses sont liées à l'amour et 69 % au devoir, 73 % le sont au plaisir. L'hédonisme accède au premier rang des motivations, sans qu'il ne soit jamais question de sacrifices et de don de soi.

En vérité, la raison pèse peu dans la décision d'engendrer. Probablement moins que dans celle du refus d'enfant. Outre que l'inconscient, lui, pèse de tout son poids sur l'une et l'autre, il faut bien avouer que la plupart des parents ne savent pas pourquoi ils font un enfant [1] et que leurs motivations sont infiniment plus obscures et confuses que celles évoquées dans le sondage. D'où la tentation d'en appeler à un instinct qui l'emporte sur tout. En fait, la décision découle plus largement de l'affectif et du normatif que de la prise en compte rationnelle des avantages et des inconvénients. Si l'on évoque souvent l'influence de l'affectivité, on parle peu de celle non moins importante des pressions familiales, amicales et sociales qui pèsent sur chacun d'entre nous. Une femme (et à

---

1. Rares sont les femmes qui le reconnaissent. C'est donc l'occasion de saluer celles qui le disent, telle la Québécoise Pascale Pontoreau dans *Des enfants, en avoir ou pas* (2003) ou la philosophe Éliette Abécassis dans son roman *Un heureux événement* (2005). Après une honnête introspection, son héroïne conclut qu'on fait des enfants « par Amour, par Ennui et par Peur de la mort », p. 15.

moindre degré un homme) ou un couple sans enfant paraissent toujours une anomalie qui appellent le questionnement. Quelle drôle d'idée de ne pas faire d'enfant et d'échapper à la norme ! Ceux-là sont constamment sommés de s'expliquer alors qu'il ne viendrait à l'idée de personne de demander à une mère pourquoi elle l'est devenue (et d'exiger d'elle des raisons valables), fût-elle la plus infantile et irresponsable des femmes. En revanche, celle qui reste volontairement inféconde a peu de chances d'échapper aux soupirs de ses parents (auxquels elle interdit d'être grands-parents), à l'incompréhension de ses amies (qui aiment que l'on fasse comme elles) et à l'hostilité de la société et de l'État, par définition natalistes, qui ont de multiples petits moyens de vous punir de ne pas faire votre devoir. Il faut donc une volonté à toute épreuve et un sacré caractère pour se jouer de toutes ces pressions, voire d'une certaine stigmatisation.

Le dilemme hédoniste, ou la maternité contre la liberté

Au demeurant, l'individualisme et la quête de l'épanouissement personnel inclinent les futures mères à se poser des questions qu'elles ne se posaient pas hier. La maternité n'étant plus le seul mode d'affirmation de soi d'une femme, le désir d'enfant peut entrer en conflit avec d'autres impéra-tifs. Celles qui ont une profession intéressante et rêvent d'y faire carrière – une minorité – ne peuvent éviter de se poser les questions suivantes : jusqu'à quel point l'enfant va-t-il peser sur leur parcours professionnel ? Pourront-elles mener de front une carrière exigeante et l'élevage d'un enfant ? Quelles en seront les conséquences sur leur relation de couple ? Comment réorganiser la vie domestique ? Pourront-elles conserver les avantages de leur exis-tence présente et en particulier quelle part de leur liberté devront-elles abandonner [1] ? Cette dernière interrogation concerne un bien plus grand nombre de femmes que les seules carriéristes.

Dans une civilisation où le « moi d'abord » est érigé en principe, la maternité est un défi, voire une contradiction. Ce qui est légitime pour une femme non-mère ne l'est plus quand l'enfant paraît. Le souci de soi doit céder la place à l'oubli de soi et au « je veux tout » succède le « je lui dois tout ». Dès lors que l'on choisit de mettre un enfant au monde pour son plaisir, on parle moins de don que de dette. Du don de la vie de jadis, on est passé à une

1. Questions librement inspirées du livre de Marian Faux, *Childless by Choice*, 1984, p. 28.

dette infinie à l'égard de celui que ni Dieu ni la nature ne nous impose plus et qui saura bien vous rappeler un jour qu'il n'a pas demandé à naître…

Plus on est libre de ses décisions, plus on a de responsabilités et de devoirs. Autrement dit, l'enfant qui représente une source incontestable d'épanouissement pour les unes peut se révéler un obstacle pour d'autres. Tout dépend de leur investissement dans la maternité et de leur capacité altruiste. Pourtant, avant de prendre leur décision, rares sont les femmes (et les couples) qui se livrent lucidement au calcul des plaisirs et des peines, des bénéfices et des sacrifices. Au contraire, il semble qu'une sorte de halo illusoire voile la réalité maternelle. La future mère ne fantasme que sur l'amour et le bonheur. Elle ignore l'autre face de la maternité faite d'épuisement, de frustration, de solitude, voire d'aliénation avec son cortège de culpabilité. À lire les récents témoignages de mères [1], on mesure à quel point elles sont peu préparées à ce bouleversement. On ne m'avait pas prévenue, disent-elles, des difficultés de l'aventure. « Faire un enfant est à la portée de tous, et pourtant peu de futurs parents connaissent la vérité, *c'est la fin de la*

---

1. Marie Darrieussecq, *Le Bébé*, 2002 ; Nathalie Azoulai, *Mère agitée*, 2002 ; Éliette Abécassis, *Un heureux événement*, 2005 ; Pascale Kramer, *L'Implacable Brutalité du réveil*, 2009.

vie [1] », qu'il faut entendre comme la fin de ma liberté et des plaisirs qu'elle me procurait. Les premiers mois du bébé sont particulièrement éprouvants : « Impossible d'être sollicitée ainsi, impossible que l'épanouissement puisse naître de cette dépendance, de cette inquiétude sans rémission ni échappatoire [2]. » Ou encore : « Il tétait et tétait encore, ses deux neurones tout à la tâche, bloqué sur son programme comme moi sur ma télé [...]. Je me réveillais, je me rendormais, il faisait jour, il faisait nuit, personne ne m'avait prévenue que ce serait si ennuyeux – ou je n'y avais pas cru [3]. »

Si pour Marie Darrieussecq, la joie se superpose à l'ennui, pour d'autres c'est l'impression du vide qui domine et elles n'aspirent qu'à retrouver le monde extérieur.

Force est de constater que la maternité reste la grande inconnue. Ce choix de vie qui induit un changement radical des priorités tient du pari. Les unes y trouvent un bonheur et un bénéfice identitaire irremplaçables. D'autres parviennent tant bien que mal à concilier des exigences contradictoires. D'autres enfin n'avoueront jamais qu'elles n'y parviennent

1. Éliette Abécassis, *op. cit.*, p. 15. Souligné par nous.
2. Pascale Kramer, *op. cit.*, p. 17.
3. Marie Darrieussecq, *op. cit.*, p. 98.

pas et que leur expérience maternelle est un échec. En effet, rien n'est plus indicible dans notre société que cet aveu. Reconnaître que l'on s'est trompée, que l'on n'était pas faite pour être mère et qu'on en a retiré peu de satisfactions ferait de vous une sorte de monstre irresponsable. Et pourtant, il y a tant d'enfants mal aimés, mal élevés et abandonnés à eux-mêmes dans toutes les classes de la société qui témoignent de cette réalité ! D'où l'intérêt d'une expérience souvent citée par la littérature américaine sur le sujet, celle d'une chroniqueuse du *Chicago Sun-Times*, Ann Landers, qui demanda dans les années soixante-dix à ses lecteurs s'ils referaient le choix de la parentalité sachant ce qu'ils savaient. À la stupéfaction générale, elle reçut une dizaine de milliers de réponses parmi lesquelles 70 % répondaient par la négative [1]. Aux yeux de ces personnes, les sacrifices étaient trop importants pour les satisfactions qu'ils en avaient tirées. Certes, cette expérience n'a pas valeur d'enquête scientifique. Seuls les parents déçus éprouvèrent l'envie de répondre. Mais elle eut le mérite de faire sortir de leur silence ceux qu'on ignore [2].

1. *Chicago Sun-Times*, 29 mars 1976. Voir Marian Faux, *op. cit.*, p. 2.
2. L'expérience fut retentée à plusieurs reprises dans les années quatre-vingt-dix par la fondatrice du réseau *Childfree*, Leslie

La maternité et les vertus qu'elle suppose ne vont pas de soi. Pas plus aujourd'hui qu'hier quand elle était un destin obligé. Choisir d'être mère ne garantit pas, comme on l'a cru au début, une meilleure maternité. Non seulement parce que la liberté de choix est peut-être un leurre, mais aussi parce qu'elle alourdit considérablement le poids des responsabilités en un temps ou l'individualisme et la « passion de soi [1] » n'ont jamais été si puissants.

La maternité aggrave l'inégalité au sein du couple

On sait depuis Durkheim que le mariage coûte aux femmes et avantage les hommes. Un siècle plus tard, des nuances doivent être apportées au propos, mais l'*injustice ménagère* [2] subsiste : la vie conjugale a toujours un coût social et culturel pour les

Lafayette. À l'occasion d'émissions de radio, elle demandait aux auditrices assurées de leur anonymat de répondre à la même question. Le pourcentage de réponses négatives varia entre 60 % et 45 %. Une fois encore ces chiffres ont pour seul intérêt de donner la parole aux personnes déçues par l'expérience parentale. Ils ne donnent aucune indication sur leur pourcentage effectif.
1. Expression que j'emprunte à Jean-Claude Kaufmann. Voir *L'Invention de soi*, 2004, p. 276.
2. Titre du livre publié en 2007 sous la direction de François de Singly, vingt ans après *Fortune et infortune de la femme mariée*.

femmes, tant sur le partage des tâches domestiques, l'éducation des enfants, que sur l'évolution de leur carrière professionnelle et sa rémunération. Aujourd'hui, c'est moins le mariage qui a perdu son caractère de nécessité, que la vie en couple et surtout la naissance de l'enfant qui pèse sur les femmes. Le concubinage, largement répandu, n'a pas mis fin à l'inégalité domestique même si les enquêtes montrent qu'il est plus favorable aux femmes que le mariage. Du moins au début de la vie de couple, car l'arrivée de l'enfant alourdit notablement les heures domestiques de la femme [1], alors que l'homme, en tant que père, s'investit davantage dans le travail professionnel. Selon F. de Singly, « l'ampleur du travail domestique – et sa justifica-

1. Voir l'enquête américaine de Shelton et John (1993) publiée par F. de Singly dans la postface (2004) de *Fortune et infortune…*, *op. cit.*, p. 218. Voir également le tout récent article d'Arnaud Régnier-Loilier, « L'arrivée d'un enfant modifie-t-elle la répartition des tâches domestiques au sein du couple ? », *Population & Sociétés*, n° 461, novembre 2009. Il constate que « l'arrivée d'un enfant accentue le déséquilibre du partage des tâches » au détriment de la mère, ce qui participe de son éloignement du marché du travail. Aujourd'hui, autant qu'hier, les femmes assument l'essentiel des tâches domestiques, lesquelles sont de plus en plus lourdes au fil des naissances. L'auteur souligne que l'insatisfaction des femmes augmente après la naissance d'un enfant.

tion – découle moins des demandes des hommes que des exigences, réelles ou supposées, des enfants. Le départ des enfants démontre de manière quasi expérimentale que le coût de la vie conjugale dérive assez largement du coût de l'enfant [1] ».

Il est vrai que plus les femmes sont diplômées, moins elles effectuent de travail domestique et plus elles augmentent leur travail professionnel, sans pour autant que leur compagnon en fasse plus à la maison [2]. Le capital scolaire de la femme, note de Singly, sert avant tout à faire appel à des services extérieurs de la famille. Ce que ne peuvent se permettre les mères moins bien dotées qui ont une activité professionnelle. D'où cette remarque du sociologue qui n'est pas sans conséquence sur la maternité : « La révolution des mœurs a rapproché les hommes et les femmes les plus diplômés, tout en éloignant ces femmes de leurs consœurs moins diplômées [3]. » Alors que les premières tendent à s'investir davantage dans leur travail, au point parfois de renoncer à la maternité, les secondes font le choix inverse surtout quand le travail est rare et mal

1. *Fortune et infortune..., op. cit.*, p. 215.
2. *Ibid.*, p. 221 : Tableau sur la division du travail selon le genre et le diplôme (INSEE EDT, 1998-1999).
3. *Ibid.*, p. 222.

payé ! L'inégalité sociale qui s'ajoute à celle des genres pèse de tout son poids sur le désir d'enfant.

LES EFFETS DE L'AMBIVALENCE

Depuis que les femmes maîtrisent leur fécondité, on assiste à quatre phénomènes qui touchent tous les pays développés : un déclin de la fertilité, une hausse de l'âge moyen de la maternité, une augmentation des femmes sur le marché du travail et la diversification des modes de vie féminins, avec l'apparition, dans un nombre croissant de pays, du modèle du couple ou de la célibataire sans enfant.

Moins d'enfants, pas d'enfant

En dépit de politiques familiales de plus en plus généreuses, les pays industrialisés parviennent à peine (et certains pas du tout) à maintenir leur taux de reproduction. Le retrait de la maternité est une lame de fond, comme le montrent les indicateurs de fécondité (nombre moyen d'enfants par femme) en 1970 et 2009. À titre d'exemples en Europe [1] :

1. Ce tableau et le suivant ont pour sources Eurostat, les instituts nationaux de statistiques et l'ONU. Réunis par l'INED, ils sont

31

	1970	1980	1990	2006	2009 [1]
Allemagne	2,03	1,56	1,45	1,34	1,3
Autriche	2,29	1,65	1,46	1,41	1,4
Danemark	1,99	1,55	1,67	1,85	1,9
Espagne	2,88	2,20	1,36	1,36	1,5
France métropolitaine	2,47	1,95	1,78	1,98	2,0
Grèce	2,40	2,23	1,39	1,38	1,4
Irlande	3,85	3,24	2,11	1,93	2,0
Italie	2,43	1,64	1,33	1,35	1,4
Norvège	2,50	1,72	1,93	1,90	2,0
Pays-Bas	2,57	1,60	1,62	1,71	1,8
Pologne	2,26	2,26	2,05	1,27	1,4
Portugal	3,01	2,25	1,57	1,36	1,3
Royaume-Uni	2,43	1,89	1,83	1,85	1,9
Suède	1,92	1,68	2,13	1,85	1,9
Suisse	2,10	1,55	1,58	1,44	1,5

Même si l'on observe des différences importantes entre l'Europe du Nord et du Sud, la tendance à la baisse est générale, comme elle l'est aussi aux États-Unis, au Canada, en Australie, en Nouvelle-Zélande ou au Japon, bien que l'on observe ici ou là une légère hausse de la natalité ces toutes dernières années :

consultables sur Internet : http://www.ined.fr/fr/pop_chiffres/pays_developpes/indicateurs_fecondite/
1. Gilles Pison, « Tous les pays du monde (2009) », *Population & Sociétés*, n° 458, juillet-août 2009.

	1970	1980	1990	2006	2009
États-Unis	2,43	1,85	2,08	2,10	2,1
Canada	2,28	1,64	1,68	1,54	1,6
Australie	2,86	1,89	1,90	1,81	2,0
Nouvelle-Zélande	3,17	2,02	2,16	2,01	2,2
Japon	2,12	1,76	1,54	1,32	1,4

Si les démographes ne sont pas tous d'accord sur l'efficacité réelle des politiques familiales (les Suédoises qui sont sur ce plan particulièrement favorisées depuis plus de vingt ans font moins d'enfants que les Américaines ou les Irlandaises qui ne connaissent pas les mêmes avantages), celles-ci demeurent le principal levier pour tenter d'inverser la courbe. Tous les pays s'interrogent : que faire pour convaincre les couples d'être un peu plus fertiles ? Comment les aider ? Selon que l'on s'adresse en priorité au couple ou à la femme (à part les pays scandinaves, peu de pays songent à faire pression sur les hommes pour un meilleur partage des tâches domestiques !), on met en place une politique familiale traditionnelle ou moderne qui oppose encore les pays du Nord à ceux du Sud. Pourtant, quels que soient les efforts consentis pour permettre aux mères de mieux concilier leur vie professionnelle et familiale (congés de maternité plus généreux, facilités et qualité de la garde des enfants de moins de trois ans, horaires plus souples au sein de l'entreprise ou dans le secteur public, facilité de retour à l'emploi après de longs congés de maternité, etc.), la majorité des Européennes ne paraît toujours pas disposée à franchir le cap fatidique des 2,1 enfants.

Certes, la France et l'Irlande s'en rapprochent, mais ces deux pays catholiques ont peu en commun. L'influence de l'Église sur la politique irlandaise est incontestable, mais c'est loin d'être le cas en France où la contraception (1967 [1]) et l'avortement (1975) sont définitivement entrés dans les mœurs. L'immigration ne suffit pas non plus à expliquer le taux de fécondité en France, car si celui des immigrées est plus élevé au cours de leurs premières années dans le pays, la génération suivante tend à rejoindre le taux des Françaises [2]. En vérité, on s'explique mal le cas des Françaises d'origine. Comme ailleurs, l'âge moyen du premier enfant y flirte avec les trente ans,

1. Les décrets d'application furent publiés au compte-gouttes entre 1969 et 1972.
2. Toutefois France Prioux fait observer que les naissances issues de couples mixtes continuent à augmenter, même si le rythme s'est ralenti depuis 2007. Voir « L'évolution démographique récente en France », *Population-F*, 63 (3), 2008, p. 437-476.

les unions [1] n'y sont pas plus stables et les mères, comme celles d'Europe du Nord, sont plus nombreuses à continuer leur activité professionnelle après le second enfant que celles du Sud. À ceux qui y verraient l'influence d'une politique traditionnellement nataliste, on peut faire observer qu'elle est moins généreuse et moins aboutie que les politiques familiales scandinaves. En revanche, ce qui distingue les Françaises de leurs voisines, c'est que peu d'entre elles choisissent de n'avoir pas d'enfant du tout. Ce phénomène apparu dans les pays anglo-saxons ne semble guère les toucher. Une Française sur dix n'aura pas d'enfant au terme de sa vie (pour des raisons volontaires ou involontaires), proportion qui n'a guère évolué depuis 1940 [2] et qui reste « nettement plus faible que celles rencontrées dans de nombreux pays européens : 17 % en Angleterre, au pays de Galles et aux Pays-Bas, 20 % en Autriche et 29 % en Allemagne de l'Ouest, pour les femmes nées en 1965 [3] ». Sans mentionner les États-Unis, l'Australie, etc.

1. Par « unions », nous entendons les mariages, les PACS, les concubinages et les cohabitations.
2. Laurent Toulemon, « Très peu de couples restent volontairement sans enfant », *Population*, 50e année, n° 4/5 (juillet-octobre 1995), p. 1079-1109. Publié par l'INED.
3. Voir Jean-Paul Sardon, « Évolution démographique récente des pays développés », *Population*, n° 1 (janvier-mars 2002)

Cette exception dont on aura à reparler n'empêche pas les Françaises, comme toutes les autres, de se montrer peu pressées d'enfanter. Comme si l'enfant n'était plus la priorité des priorités. Il s'agit d'abord d'assurer son indépendance par des études de plus en plus longues qui permettent d'accéder à un travail gratifiant (en temps de crise, le parcours est plus long et incertain) ; ensuite de trouver le compagnon dont on a envie qu'il soit le père de ses enfants ; enfin nombreux sont les jeunes couples qui veulent préalablement profiter d'une vie à deux, libre et irresponsable, avant de procréer. La fibre maternelle [1] s'éveille paresseusement vers la trentaine et plus nerveusement entre trente-cinq et quarante ans. L'horloge biologique presse les femmes de choisir, et on a parfois l'impression que c'est la contrainte de l'âge et la peur de se fermer la possibilité d'être mère qui détermine les femmes à procréer plus que l'irrésistible désir d'enfant. « L'enfant en plus », comme un enrichissement supplémentaire à une vie bien remplie, mais dont on a déjà fait un peu le tour…

---

et Isabelle Robert-Bobée, « Ne pas avoir eu d'enfant... », *France, portrait social*, 2006, p. 182.

1. Aujourd'hui que l'expression « instinct maternel » n'a plus très bonne presse, ses partisans lui préfèrent « fibre maternelle ».

Cette approche de la maternité ne doit pas cacher toutes les autres, car le propre de notre époque est la diversité des choix. Entre celles qui rêvent de se consacrer à une famille nombreuse, celles qui veulent enfants et profession, celles qui n'en veulent pas du tout et celles infécondes qui désirent un enfant à tout prix, force est de constater que la maternité est appréhendée et valorisée de façons bien différentes [1].

L'hétérogénéité des choix féminins

Pour tenter d'y voir plus clair, des chercheurs anglo-américains, confrontés les premiers avec le phénomène des *childless*, ont proposé classifications et typologies. Catherine Hakim a ainsi été l'une des premières à classer, décrire et mesurer les choix de vie féminine au XXIe siècle. Elle distingue trois catégories : les *home-centred*, les *adaptive* et les *work-centred*[2] dont elle trace à grands traits le portrait dans le tableau suivant.

---

1. On notera que les deux dernières catégories de femmes, celles qui n'en veulent pas et celles qui en veulent à n'importe quel prix, sont souvent mal vues.
2. *Work-Lifestyle Choices in the 21st Century*, Oxford University Press, 2000, p. 6. Tableau traduit par nous.

Home-centred	Adaptive	Work-centred
20 % de femmes variation : 10 %-30 %	60 % de femmes variation : 40 %-80 %	20 % de femmes variation : 10 %-30 %
La vie de famille et les enfants sont leurs principales priorités.	Groupe plus divers qui inclut les femmes qui veulent combiner travail et famille avec des carrières plus instables et non planifiées.	Concentre les femmes sans enfant. Leur principale priorité est l'emploi ou des activités équivalentes sur la scène publique : politique, sport, art, etc.
Préfèrent ne pas Travailler.	Veulent travailler sans être totalement impliquées dans une carrière professionnelle.	Totalement impliquées dans leur travail.
Diplômes servant de dot intellectuelle.	Diplômes obtenus dans l'intention de travailler.	Lourd investissement universitaire et de formation pour un emploi ou d'autres activités.
Réceptives aux politiques sociales et familiales.	Très réceptives à toute politique.	Réceptives aux politiques d'emploi.

Contre l'impression souvent donnée par une partie des sciences sociales que les femmes forment un groupe homogène qui cherche à combiner emploi et vie familiale, Catherine Hakim tient à souligner la diversité de leurs implications dans le travail. En évoquant une « complète hétérogénéité des modèles d'emploi féminins », elle s'interdit de parler de leurs intérêts communs, comme il est d'usage dans les discours féministes. Au contraire, cette « hétérogénéité des préférences et des priorités crée des conflits entre les groupes de femmes[1] », qui se révèlent fort avantageux pour les hommes dont les intérêts, eux, sont comparativement homogènes. C'est à ses yeux la principale raison de l'échec du modèle égalitaire. Comparés aux femmes, les hommes affichent un front uni, notamment durant la période-clé des vingt-cinq/cinquante ans : « Ils recherchent l'argent, le pouvoir et un statut avec une grande détermination et persévérance[2]. » Même si une certaine hétérogénéité masculine est apparue ces dernières décennies, elle reste mineure par rapport à celle des femmes. Les hommes qui choisissent de s'investir dans le travail domestique ne représentent qu'une très faible minorité. Comme le note Catherine Hakim, s'il y a toujours eu des femmes pour disputer aux hommes leur pouvoir sur

1. *Ibid.*, p. 8.
2. *Ibid.*, p. 9.

la scène publique et privée, on connaît peu d'hommes qui leur ont rendu la pareille sur la scène familiale, en s'emparant de l'éducation des enfants. Même les généreux congés de paternité des pays scandinaves, note-t-elle, ont du mal à convaincre les pères de se consacrer au travail familial bien qu'ils touchent l'équivalent de leur salaire [1].

Plus récemment aux États-Unis, Neil Gilbert a suggéré une autre typologie qui distingue quatre catégories de femmes en fonction du nombre de leurs enfants [2]. En 2002, 29 % des Américaines âgées de quarante à quarante-quatre ans avaient trois enfants ou plus, 35,5 % en avaient deux, 17,5 % en avaient un seul et 18 % n'en avaient aucun. Au regard de ces pourcentages, Neil Gilbert décrit quatre types idéaux [3] de styles de vie féminins qui forment un continuum selon l'importance accordée au travail et à la famille. À l'une des extrémités, les mères de famille nombreuse (trois enfants et plus), dites les « *traditionnelles* [4] ». Elles trouvent leur identité et leur

1. *Ibid.*, p. 10.
2. *A Mother's Work. How Feminism, the Market and Policy Shape Family Life*, Yale University Press, 2008.
3. Au sens donné par Max Weber. Ces catégories logiques ne sont pas exhaustives et laissent de côté nombre d'exceptions dans chaque catégorie, de cas contraires à la marge.
4. *Ibid.*, p. 31-32.

épanouissement dans l'éducation de leurs enfants et la gestion de leur maison. Un grand nombre d'entre elles ont l'expérience du monde du travail, mais elles choisissent de s'en éloigner – quitte à le rejoindre plus tard – pour être à la maison des mères à plein temps. Elles partagent la même conviction que les soins et l'éducation quotidienne de leurs enfants est l'activité la plus importante de leur vie. Ce faisant, elles en retirent un profond sentiment d'accomplissement. Bien qu'elles optent pour un partage traditionnel des tâches avec leur compagnon, cela ne signifie pas pour autant un retour au modèle patriarcal. Nombre de ces femmes se considèrent comme leur « associée » au sens plein du terme. Au demeurant, cette catégorie de femmes a notablement diminué depuis trente ans. Neil Gilbert fait observer que leur proportion est passée de 59 % en 1976 à 29 % en 2002.

À l'autre extrémité du continuum, celles que Gilbert qualifie de « *postmodernes* ». Ce sont les femmes sans enfant dont le nombre a augmenté de près d'un cinquième durant la même période. Elles ont un profil hautement individualiste et consacrent leur vie à leur carrière. Dotées généralement d'un fort bagage universitaire, ces femmes trouvent leur épanouissement dans leur réussite professionnelle, qu'il s'agisse des affaires, de la politique ou de professions libérales. Selon une enquête anglaise faite en 2004, sur 500 d'entre elles, 28 % se disaient indépendantes, contentes de leur sort, aventureuses et confiantes en leur capacité à maîtriser les principaux aspects de leur vie. « Aussi heureuses seules ou en compagnie d'amis qu'avec un partenaire, ces femmes ont des ambitions qui collent mal avec les objectifs du mariage et de la vie de famille [1]. » Moins de la moitié des femmes interrogées ont reconnu qu'avoir une famille et une maison accueillante pourraient leur apporter un véritable sentiment d'accomplissement.

Au centre du continuum figurent les « *néo-traditionnelles* », mères de deux enfants et les « *modernes* [2] ». Ces femmes veulent gagner leur vie, mais ne sont pas attachées à leur carrière au point de renoncer à la maternité. Constituant la majorité, ces deux catégories sont souvent perçues comme représentatives de toutes les femmes qui se partagent entre travail et famille. Mais en tentant d'équilibrer les exigences de la famille et du travail, les « modernes » font plutôt pencher la balance du côté de leur carrière

1. *Ibid.*, p. 32-33. Traduit par nous.
2. *Ibid.*, p. 33-34. Il faut se rappeler qu'il y a peu d'aide ménagère et de nourrices à domicile et que ces services sont payés chers.

alors que les « néotraditionnelles » donnent davantage de priorité à la vie familiale. Ces deux groupes ne se distinguent que par degrés des traditionnelles et des postmodernes. Les mères de deux enfants sont plus souvent employées à mi-temps et sont plus investies physiquement et psychologiquement dans la vie de leur foyer que dans leur job. Depuis 1976, les mères de deux enfants qui ont dépassé quarante ans ont augmenté de 75 %. Elles représentaient en 2002 35 % des femmes de ce groupe d'âge. En revanche la mère moderne qui a une activité professionnelle et un enfant déploie plus de temps et d'énergie pour son travail que la néotraditionnelle. Leur proportion a grimpé de 90 % depuis 1976 et compte pour 17 % de son groupe d'âge.

Ces deux classifications de spécialistes [1] en sciences sociales s'appliquent en priorité aux Anglaises et aux Américaines. Il est certain qu'elles devraient être nuancées pour être opérantes dans les différentes régions d'Europe. Au demeurant, elles ont l'avantage de mettre au jour la diversité, voire l'hétérogénéité des choix maternels et des styles de vie féminins qui nous concernent toutes aujourd'hui. Mais ceux-ci ne

1. Catherine Hakim est *senior research fellow* à la London School of Economics et Neil Gilbert professeur de *social welfare* et *social services* à l'université de Berkeley.

sont pas inscrits dans le marbre. Ils évoluent en fonction de la situation économique et des politiques
sociales et familiales. Tout aussi importantes sont les
idéologies changeantes de la maternité et les pressions
qui s'exercent sur les femmes pour se conformer au
modèle en vogue de la bonne mère. On sait que celui-
ci changea du tout au tout en France au XVIIIe siècle :
d'une maternité nonchalante et distante, on passa à
une maternité active et exclusive qui s'imposa durant
près de deux siècles. Si l'idéologie féministe et la
contraception ont à nouveau changé la donne, des
vents contraires se sont levés qui tentent d'imposer
aux femmes un retour à la bonne mère d'antan. Mais
cette fois les conséquences pourraient être bien différentes de celles espérées.

DEUXIÈME PARTIE

L'OFFENSIVE NATURALISTE

L'après-guerre fut marqué par trente ans d'un culturalisme triomphant. Il trouva même dans certains pays d'Europe le renfort d'une idéologie marxiste offensive. L'époque était au volontarisme et au désir de se libérer des déterminismes naturels et sociaux. Comme Descartes en son temps, on espérait bien que l'homme se rendrait « maître et possesseur de la nature », ainsi que de son destin. On croyait au progrès infini des sciences et des techniques qui devait nous apporter liberté et bien-être, à défaut du bonheur comme au XVIIIᵉ siècle. Bref, nous étions dans une époque conquérante durant laquelle les femmes en profitèrent pour remettre en cause leur statut, leur identité et leurs relations avec les hommes.

Comme toujours dans l'histoire de l'humanité, ce sont les guerres et les grandes crises écologiques et économiques qui contraignent les hommes. Cette fois, ce fut la crise du pétrole (1973) qui sonna le glas de nos années glorieuses. La crise économique, à multiples rebonds, qui s'ensuivit fut propice à la résurgence d'une idéologie oubliée : le naturalisme [1]. Si son influence s'est peu à peu propagée dans l'ensemble des sociétés industrielles, les femmes figurent parmi les premières interpellées. Et pour cause : le chômage, la précarité les touchent au premier chef. Les plus fragiles rentrèrent à la maison, les autres – comme les hommes – commencèrent à nourrir déception et rancune à l'égard des entreprises qui pouvaient les jeter comme un Kleenex en fonction des aléas du marché. Une nouvelle génération de femmes qui avaient des comptes à régler avec leurs mères féministes furent les premières à écouter les sirènes du naturalisme. Après tout, si le monde du travail est déceptif, s'il ne vous fait pas la juste place que vous méritez, s'il ne vous offre ni le statut social ni l'indépendance financière que vous espérez, à quoi bon en faire une priorité ? La

1. « Doctrine qui insiste principalement sur les aspects qui, dans l'homme, relèvent de la nature et de ses lois », *Dictionnaire Le Robert*.

nécessité financière fait loi, mais nombre de femmes se mirent à penser que le statut de mère de famille en valait bien un autre et que les soins et l'éducation de leurs enfants pourraient être leur chef-d'œuvre. Contrairement à leurs mères toujours pressées, qui avaient jonglé tant bien que mal entre les exigences professionnelles et familiales, les filles furent sensibles au nouveau mot d'ordre : les enfants d'abord !

Simultanément, on entendit de plus en plus parler des lois de la nature et de la biologie, d'« essence » et d'« instinct » maternels, lesquels imposent des devoirs toujours plus importants à l'égard de l'enfant. Les pédiatres et les nombreux « spécialistes » de la maternité, dénonçant les préceptes de leurs prédécesseurs – et parfois les leurs propres à quelques années de distance [1] – retrouvaient les arguments d'un Plutarque ou d'un Rousseau qui surent si bien culpabiliser celles qui restaient sourdes à la voix de la nature.

C'est une guerre souterraine que se livrent naturalistes et culturalistes et, bien au-delà, ceux et celles

---

1. Les virages à 180 degrés de la pédiatrie depuis un siècle sont bien connus grâce au livre de Geneviève Delaisi de Parseval et Suzanne Lallemand, *L'Art d'accommoder les bébés*, 1980 ; rééd. 1998.

qui se disent les « avocats[1] » de l'enfant (pour les défendre contre l'ignorance ou la négligence maternelle ?) et celles qui refusent de voir les libertés féminines reculer. On ignore à ce jour quelle en sera l'issue.

1. C'est ainsi que se présente le pédiatre T. Berry Brazelton, *Points forts. De la naissance à trois ans*, 1999, p. 32.

CHAPITRE II

LA SAINTE ALLIANCE
DES « RÉACTIONNAIRES [1] »

Dès les années soixante-dix/quatre-vingts émergent trois discours d'horizons différents qui critiquent les impasses du modèle culturel dominant. L'écologie, les sciences du comportement qui s'appuient sur l'éthologie et un nouveau féminisme essentialiste font cause commune pour le bien-être de l'humanité. Se targuant d'apporter bonheur et sagesse à la femme, à la mère, à la famille, à la société, voire à l'humanité tout entière, ils prônent, chacun à sa manière, une sorte de « retour à la

1. Au sens figuré : ceux qui donnent « une réponse à une action par une action contraire tendant à l'annuler », *Le Robert. Dictionnaire historique de la langue française*, sous la direction d'Alain Rey, 2 volumes, 1994.

nature ». À vouloir la dominer et faute de l'écouter, nous aurions perdu notre boussole et courrions à notre perte. Il serait temps de reconnaître que nous nous sommes fourvoyés et de faire notre *mea culpa*, collectivement et individuellement. Ce que nous pensions être libérateur et progressif se révèle aussi illusoire que dangereux. Certains n'hésitent pas à proclamer que la sagesse est ailleurs, pour ne pas dire hier...

DE LA POLITIQUE
À LA MATERNITÉ ÉCOLOGIQUE

Rupture politique et morale

À l'origine, l'écologie est « la doctrine visant à une meilleure adaptation de l'homme à son environnement [1] ». Sous la banalité apparente du propos se cache un véritable renversement des valeurs. Il ne s'agit plus de maîtriser et d'utiliser la nature en fonction des besoins et désirs de l'homme, mais de soumettre celui-ci à la loi de celle-là. Cette nouvelle doctrine accoucha rapidement d'un discours politique, tant en Europe du

1. *Ibid.*

Nord qu'aux États-Unis où fleurissent les mouvements de contre-culture dans les années soixante-dix. Avec des approches différentes, ils ont en commun de vomir la consommation effrénée propre au capitalisme triomphant. Après l'exploitation de l'homme par l'homme, l'exploitation intensive de la nature devint l'angle d'attaque du système honni. De la pratique amorale de cette « exploitation », on est à présent sommé de passer à son « respect ». Certains prônent même une alliance avec elle sous la forme d'un *Contrat naturel*[1]. L'appel à l'amour et au respect de la nature environnante se double d'un avertissement catastrophiste et vengeur : à trop en abuser, on risque de le payer cher. Un jour ou l'autre, Mère Nature punira sévèrement ses enfants.

Dès les années quatre-vingt, des intellectuels, des artistes et de nombreuses associations jettent des cris d'alarme. On nous rappelle notre cousinage avec les singes en voie de disparition[2] ; Le Clézio pleure le paradis perdu et le philosophe Félix Guattari propose « l'*écosophie*, synthèse éthico-politique d'une nouvelle écologie, à la fois environnementale, sociale et mentale[3] ». Tous nous

1. Michel Serres, *Le Contrat naturel*, 1990.
2. Voir le film *Le Peuple singe* de Gérard Vienne, 1989.
3. *L'Événement du jeudi*, 8 au 14 juin 1989.

pressent de rétablir l'harmonie brisée entre l'homme et la nature. Insensiblement, cette dernière a pris le statut d'autorité morale dont on admire la simplicité et la sagesse. Ce n'est plus la nature qui opprime l'homme, mais celui-ci qui court au suicide en la violant. Il est donc urgent de mettre fin à nos comportements aberrants de consommateurs jouisseurs, égoïstes et amoraux. L'industrialisation, et avec elle les sciences et les techniques qui sont à son service, sont mises au banc des principaux accusés. On crie haro sur le bien-être fallacieux qu'elles sont censées nous apporter et les plus radicaux ne veulent retenir que les effets pervers de nos inévitables abus.

En ligne de mire, la malheureuse chimie accusée de tous les maux, puisqu'elle incarne l'« artificiel », par définition ennemi du « naturel ». Outre qu'elle empoisonne notre nourriture (quoi de plus ignoble qu'un bonbon ou qu'une boisson chimique ?), on la suspecte de modifier nos gènes et d'être responsable de tous les fléaux présents et à venir. On oublie tout ce qu'on lui doit – notamment l'allongement de notre espérance de vie – pour la soupçonner du pire. Circonstance aggravante : elle est parmi toutes les sciences l'une des plus directement soumises au productivisme des groupes industriels mondiaux, donc dénuée de toute moralité. C'est bien connu, les laboratoires pharmaceutiques, comme les fabricants de pesticides ou d'OGM, ne penseraient qu'à l'argent… Même si le propos frise la caricature, il est vrai qu'une méfiance générale s'est emparée de nos esprits au point de nous faire sortir notre joker pour un oui ou pour un non : le sacro-saint principe de précaution.

L'accueil fait à la pilule contraceptive depuis son invention est une illustration des réticences renouvelées à l'égard de la « chimie [1] ». Si des millions de femmes ont adhéré avec enthousiasme à cet instrument de maîtrise de leur procréation, d'autres, y compris dans les nouvelles générations, n'ont que méfiance pour une production artificielle qui bloque un processus naturel. Entre 2003 et 2006, les ventes de plaquettes ont baissé de 65 à 63 millions : « peur de grossir, refus de la chimie sont les principaux griefs » des trentenaires. Les unes invoquent les risques de cancer, d'autres un possible dérèglement hormonal, d'autres enfin la crainte de la stérilité. D'après une enquête récente [2], 22 % des Françaises pensent que la pilule peut rendre stérile. Deux

1. Voir *Le Nouvel Observateur*, 3-9 janvier 2008, « Ces femmes anti-pilule ».
2. INPES-BVA, 2007, enquête citée par *Le Nouvel Observateur*.

jeunes femmes, Éliette Abécassis et Caroline Bongrand, se font leur porte-parole lorsqu'elles affirment : « À la différence du préservatif, la pilule, elle, est nocive [1]. » Elles s'appuient sur le rapport du CIRC (Centre international de recherche sur le cancer), qui établit un lien entre la pilule et les cancers du sein, de l'utérus et du foie, et classe la pilule contraceptive œstroprogestative dans la catégorie 1 des produits cancérigènes. Cette affirmation qui ne tient compte ni des antécédents, ni de l'histoire, ni du mode de vie de chaque femme, pas plus que de la durée d'utilisation de la pilule, ne peut qu'alimenter tous les *a priori* écolo-biologiques. Au passage, nous rappellerons que le même CIRC ayant déclaré l'alcool hautement cancérigène [2] et ayant appelé à en cesser toute consommation – même un verre de vin – fut sèchement démenti par le Haut Conseil de la santé publique (HCSP) deux ans plus tard [3]...

1. *Le Corset invisible. Manifeste pour une nouvelle femme française*, 2007, p. 187.
2. Outre son incidence sur les cancers du pharynx, de la cavité buccale, de l'œsophage et du foie, le CIRC annonça en mars 2007 que l'alcool pouvait être à l'origine des cancers colorectal et du sein.
3. *Le Figaro*, 28 juillet 2009. Le HCSP rappelle sa recommandation de consommation d'alcool pour les adultes de ne

Ajoutons que la pollution chimique[1] est fortement soupçonnée de menacer la fertilité masculine, et qu'un magazine féminin a récemment cru bon de s'interroger : « Comment se préserver à l'heure où l'environnement frappe l'homme au plus intime ? » Et de titrer un entretien entre la ministre de l'environnement et le Pr Jouannet, spécialiste de la biologie de la reproduction : « L'homme, espèce menacée ? », même si dans le chapeau d'introduction la journaliste affirme vouloir désamorcer toute vision d'apocalypse en citant le Pr Spira, directeur de l'Institut de recherche en santé publique (IReSP) : « Tous les hommes ne vont pas devenir stériles et l'espèce humaine ne va pas disparaître. » Trop tard ! L'impression demeure que l'homme est un apprenti sorcier dont la chimie est l'arme

---

pas dépasser deux verres de vin quotidien pour les femmes et trois pour les hommes. Il conclut : « Il n'y a pas à ce jour d'argument convaincant pour justifier de modifier les recommandations actuelles [...] en faveur d'une abstinence totale. »

1. Colloque « Environnement chimique et reproduction » (25 novembre 2008), in *Madame Figaro*, 16 décembre 2008. Selon le Pr P. Jouannet, le danger viendrait de « certains phtalates, molécules présentes dans les cosmétiques, les emballages alimentaires ou les plastiques », comme le suggère une étude sur les rats. Le magazine *Elle* poussa le même cri d'alarme dans son numéro du 1er décembre.

suicidaire. Il n'est pas étonnant que cette dernière soit de plus en plus diabolisée, étant associée à l'idée de poison, d'intoxication et de mort. Inutile de préciser qu'une mère digne de ce nom devra en protéger ses enfants !

La bonne mère écologique

À l'origine de cette tendance, le rejet par certaines femmes des techniques hospitalières vécues comme une dépossession de leur corps et donc de leur maternité. Mécontentes de la rigidité des règles de l'hôpital, exaspérées par l'autoritarisme du médecin tout-puissant qui les traitait comme des enfants, et convaincues que la naissance est un phénomène naturel et non un problème médical, certaines ont commencé dès les années soixante-dix à accoucher chez elles. À la maison, pas de médecin, mais une sage-femme et aujourd'hui une nouvelle intervenante : la doula [1]. Si la première intervient lors de la délivrance, la seconde accompagne la future mère pendant toute sa grossesse. Son rôle, qui n'a rien de

1. Le mot d'origine grecque signifie « esclave ». Elle est au service de la femme enceinte et guide les premiers pas des jeunes mères. Voir Wikipedia.

médical, est essentiellement matériel et psychologique. Les coprésidentes de l'association « Doulas de France » expliquent qu'elles accompagnent les parents pendant toute la grossesse, lors de l'accouchement et après la naissance. « Elle tisse un climat de confiance et de sécurité avec les parents, [...] les aide aussi bien dans leur recherche d'information que dans leur prise de décisions. Pendant l'accouchement, elle se concentre sur son rôle de soutien, tout en apportant son aide : un conseil pour trouver la bonne position, des mots d'encouragement, un massage pendant le travail [1]. » Après la naissance du bébé, « elle poursuit son rôle d'accompagnatrice pour l'allaitement et les soins quotidiens donnés au nouveau-né ». Sa formation ? Essentiellement son expérience personnelle de mère complétée par des connaissances en physiologie de la grossesse, sur la naissance, le nouveau-né, l'allaitement, etc. Il s'agit avant tout « du principe de la transmission de femme à femme, sur le partage de l'expérience et sur l'échange dans l'accompagnement ». Une récente étude américaine ne manque pas de vanter cette nouvelle profession : accouchements plus faciles ;

1. *Femme actuelle*, février 2008. Le tout pour une rémunération qui tournait autour de 500 euros en 2007.

abaissement de 50 % du taux de césarienne ; diminution de 25 % de la durée de l'accouchement, de 60 % du nombre de péridurales et de 30 % de l'usage du forceps [1].

Aux États-Unis et au Canada où la doula existe depuis vingt ans, 5 % des femmes enceintes ont fait appel à elle en 2002. On ignore le pourcentage des Françaises séduites par la profession qui commence à peine à faire parler d'elle mais on sait en revanche qu'elles sont entre 3 et 5 % à accoucher chez elles en présence d'une sage-femme [2]. En Hollande, elles sont même 30 % à pratiquer l'accouchement « naturel ». Celui-ci, on l'aura compris, exclut la péridurale et la césarienne dont certains accoucheurs usent et abusent. Deux procédés accusés de voler aux mères la naissance de leur enfant.

1. Étude publiée par Marshall H. Klaus, John H. Kennell, Phyllis H. Klaus, *The Doula Book : How a Trained Labor Companion Can Help You Have a Shorter, Easier and Healthier Birth*, 2002, chap. 5. Une autre étude (2003), citée par *Femme actuelle*, février 2008, se félicite que la présence de la doula pendant l'accouchement « favorise les naissances spontanées et réduise la demande d'anti-douleur ».
2. *Le Figaro*, 8 octobre 2008. L'article précise que selon le collectif AAD (Accouchement à domicile), elles seraient 25 % à être désireuses d'accoucher chez elles, mais que la pénurie de sages-femmes libérales, qui ne sont qu'une soixantaine en France, les empêche de le faire.

L'anesthésie péridurale qui met fin aux douleurs extrêmes de la délivrance [1] est apparue à la fin des années soixante-dix et ne cesse de gagner du terrain depuis lors. Pourtant, elle est loin de faire l'unanimité chez les parturientes. Si pour les unes, la péridurale est la plus belle conquête de la femme, celle qui met fin à la malédiction originelle de l'accouchement dans la douleur ; pour d'autres elle est l'expression d'une « civilisation industrielle dégénérée [2] » qui va à l'encontre de l'idéal universel de la naissance naturelle ; pour d'autres enfin, la péridurale dépossède la femme d'une expérience irremplaçable. Les témoignages abondent de celles qui veulent vivre cette initiation féminine décisive jusqu'au bout, comme l'ont fait les générations précédentes et comme le font toujours les femmes d'autres cultures réputées plus proches de la nature. L'une d'elle, qui s'est confiée au magazine *Marie-Claire*, exprime assez bien un sentiment partagé : « J'ai eu un premier accouchement terrible : seize heures de travail, sept heures de douleurs très

1. Sur l'échelle de douleur de 1 à 10, on considère que les douleurs de l'accouchement se situent à 10.
2. Elsbeth Kneuper, *Die Natürliche Geburt. Eine globale Errungenschaft ?*, Hambourg, 2003, p. 107-128.

violentes, et une expulsion de deux heures pour un bébé de 4,5 kilogrammes. Ces deux heures d'expulsion ont été un véritable cauchemar. Un océan de douleur où plus rien ne compte, où on ne pense même plus au bébé. Mais quand dans un formidable glissement mon bébé a jailli de mon ventre, quand on l'a posé sur moi, quand j'ai vu sa petite bouille étonnée, ça a été un moment formidable. Un instant de bonheur total. Aurais-je vécu cela avec la moitié de mon ventre mort ? [...] Maintenant, je serai prête à vivre le cauchemar pour revivre aussi la naissance. Les heures de douleur sont noyées dans le flot du passé, alors que l'instant de la naissance est tellement vivant que les larmes me viennent aux yeux lorsque je l'évoque. Pour mon deuxième enfant, on m'a fait une piqûre de Dolosal [...]. J'ai eu un travail très cool, je m'endormais entre deux contractions, mais quand mon bébé est né, j'étais dans les vapes et je m'en foutais ; on m'a volé cette naissance. Les femmes qui accouchent sous péridurale parlent de « sérénité ». On aura bien le temps d'être sereine quand on sera vieille [...]. A-t-on le droit d'aseptiser les naissances ? de diminuer la joie en enlevant la douleur ? Est-il honnête de proposer à des femmes d'accoucher sans souffrir, mais sans leur parler de la contrepartie qu'elles ne peuvent pas connaître [1] ? »

Certaines franchissent un pas supplémentaire en faisant carrément l'éloge de la douleur. On aurait tort de « la considérer de manière exclusivement négative ; dans certaines cultures, elle sert d'initiation. C'est un véritable rituel de vie [2] ». La journaliste Pascale Pontoreau illustre ce propos en rapportant l'anecdote suivante : alors qu'elle-même accouchait d'un second enfant, elle entendit une voisine de chambre hurler « comme si on l'égorgeait ». Elle demanda si celle-ci avait des complications. « Et non ! Elle exprimait sa souffrance différemment... » Elle conclut sur cette réflexion réconfortante : « Pour des femmes habituées à être en contrôle d'elles-mêmes, le cri de l'accouchement est souvent le premier qu'elles émettent depuis qu'elles sont "grandes". Ce cri qui permet d'évacuer des tas d'années et d'expériences refoulées. Et si la péridurale permettait de réfréner ces cris [3] ? »

1. *Marie-Claire*, février 1987. Au vu de ce témoignage anonyme, un gynécologue-accoucheur sollicité par le magazine fit observer qu'une piqûre de Dolosal à base de morphine n'a rien à voir avec la péridurale, car elle altère la conscience et empêche une réelle participation de la mère.
2. Pascale Pontoreau, *Des enfants, en avoir ou pas, op.cit.*, p. 53.
3. *Ibid.*

Il y aurait donc la bonne et la mauvaise douleur. La première est naturelle, la seconde est imposée par le pouvoir médical. Dans les années soixante-dix, les nouveaux adeptes d'« une naissance sans violence [1] » dénoncent les violences institutionnelles des hôpitaux : brutalités, humiliations des parturientes, abus des césariennes, des épisiotomies, des accouchements provoqués avant l'heure pour le seul confort de l'accoucheur. Il se crée d'autres lieux où accoucher autrement, dirigés par des obstétriciens en rupture avec l'hôpital traditionnel : « Michel Odent à l'hôpital de Pithiviers, Pierre Boutin à la maternité des Lilas, Pierre Bertrand à l'hôpital de Saint-Cloud. À Pithiviers, on veut retrouver l'"homme écologique", le primitif, l'archaïque ; la femme est invitée à accoucher nue et accroupie dans la "salle sauvage" après un passage dans la piscine. Aux Lilas, on a recours à la "végétothérapie" pour permettre une "régression" et pour "briser la cuirasse" qui paralyse le corps de la femme. À Saint-Cloud règne la "sophro-relaxation". Ces idéologies militantes réagissent à la fois contre les rigueurs pasteuriennes et contre la récente invasion des

1. Dr Frédéric Leboyer, *Pour une naissance sans violence*, 1974.

techniques (le *monitoring* entre autres), invasion qui s'accompagne d'une diminution de la présence physique des sages-femmes auprès des parturientes. Certains médecins dénoncent aussi l'arrogance d'une "pensée scientiste" qu'ils comparent à la pensée magique. Ils veulent renouer avec la nature [1]. »

Même si la mode fit long feu [2], la passion écologique, elle, n'avait pas dit son dernier mot. Au contraire. Elle est aujourd'hui en première ligne, cette fois en plein accord avec le corps médical, pour promouvoir le retour à l'allaitement maternel. Allaiter à la demande, allaiter jusqu'à plus soif est

1. Yvonne Knibiehler, *La Révolution maternelle depuis 1945*, 1997, p. 194.
2. Pourtant, récemment encore, un film intitulé *Le Premier Cri*, débordant d'esthétisme, voulant montrer la beauté des naissances à travers le monde, des tribus masaï à Hô Chi Minh-Ville, du Mexique à la Sibérie et au désert du Niger (où on assiste aux douleurs insoutenables d'une mère touareg qui accouche d'un enfant mort-né), *Elle* (29 octobre 2007) fut l'un des rares journaux à réagir. Ulcérée par le témoignage militant d'une Québécoise qui veut accoucher dans sa communauté d'écolos altermondialistes, naturellement, en refusant toute aide médicale, même si sa vie est en danger, la journaliste rappela qu'une femme meurt chaque minute dans le monde en donnant naissance à son enfant et que chaque jour, plus de 10 000 nouveau-nés meurent des suites de complications durant l'accouchement dans les pays en voie de développement.

le nouvel objectif dont il faut à tout prix convaincre les autres [1]. L'angle d'attaque : les biberons, tant le contenant que le contenu. Voilà plusieurs décennies que l'on assiste à la critique sans nuance des laits maternés, industriels et artificiels. Qu'importe qu'ils soient de plus en plus diversifiés et proches du lait maternel, ou que leur utilité ne soit pas la même dans les pays qui manquent d'eau et dans les pays développés, leur condamnation se fait de plus en plus virulente. Si l'on ajoute à cela la récente découverte d'une substance chimique, le bisphénol A (BPA), présente dans 90 % des biberons (en polycarbonate) et soupçonnée de perturber le système hormonal, de provoquer certaines formes de cancer (du sein ou de la prostate), voire d'augmenter les risques du diabète et de maladies cardiovasculaires [2], on comprend qu'une mère digne de ce nom les jette à la poubelle. Les militantes de l'allaitement y trouvent leur compte.

Enfin depuis que l'on a découvert les ravages pour l'environnement de la couche-culotte en

1. Voir le chapitre suivant.
2. *Le Nouvel Observateur*, 25 septembre/1er octobre 2008 et *Paris-Match*, 28 mai/3 juin 2009. Même si l'European Food Security Agency a réaffirmé qu'au vu des quantités de BPA autorisées, les biberons ne présentaient aucun risque, la ville de Paris les a bannis des crèches municipales.

plastique jetable, une nouvelle tâche exaltante attend la mère écologique. On a calculé qu'un bébé entre zéro et trente mois produit à lui seul une tonne de déchets, lesquels mettraient deux à cinq siècles à se dégrader. En outre, les millions de tonnes de couches jetables consommées chaque année en France seraient responsables de la destruction de 5,6 millions d'arbres dans le monde... Autant dire un massacre écologique. Ultime argument pour convaincre les mères de changer d'habitudes : des tests de Greenpeace ont révélé que les gels absorbants contenus dans certains modèles comportaient des traces de composants toxiques telle la dioxine. Il est donc recommandé aux mères d'utiliser des couches lavables plus économiques et plus écologiques qui présentent l'avantage de rendre les bébés propres plus tôt (car ils ressentent davantage l'inconfort d'être mouillés) [1]... Contre les récalcitrantes, la secrétaire d'État à l'écologie (elle-même à l'époque jeune mère d'un enfant) envisagea une nouvelle taxe sur les couches jetables [2], proposition

1. *Le Monde*, 7 novembre 2007 et *Le Figaro*, 21 avril 2008.
2. Interview de Nathalie Kosciusko-Morizet sur Europe 1, et i-Télé les 14 et 15 septembre 2008. Outre l'annonce de la taxe, elle disait trouver « formidable » de travailler sur des couches lavables !

qui, heureusement, n'eut pas de suite. Du moins, pour l'instant. Mais il n'est pas dit que l'obsession du biodégradable et du recyclage ne finisse par avoir raison de nos réticences. À l'occasion d'un *baby show* de Londres, on a récemment appris que déjà 20 % des bébés anglais portaient régulièrement ou épisodiquement des couches lavables [1] !

QUAND LES SCIENCES REDÉCOUVRENT L'INSTINCT MATERNEL

Alors que l'on pensait en avoir fini avec le vieux concept d'instinct maternel, d'aucuns revinrent à la charge sous couvert d'études scientifiques. Les années soixante-dix virent se placer la pédiatrie américaine à l'avant-garde de ce mouvement qui continue aujourd'hui encore de faire des adeptes en Europe. Ils s'appuyèrent principalement sur l'éthologie (science des comportements des espèces animales) pour rappeler aux femmes qu'elles étaient des mammifères comme les autres, dotées des mêmes hormones du maternage : l'ocytocine et la

1. *Le Monde*, 7 novembre 2007.

prolactine. En conséquence, sauf aberrations culturelles, elles doivent nouer avec leur bébé un lien automatique et immédiat par l'action d'un processus neuro-biologico-chimique. Si tel n'est pas le cas, il faut s'en prendre à l'environnement ou s'inquiéter de déviations psychopathologiques. Ils reçurent l'appui d'anthropologues, de pédopsychiatres et d'une grande partie des médias américains qui popularisèrent leur théorie. Ces derniers furent bien moins efficaces pour faire connaître la remise en cause scientifique de cette théorie bien pensante qui arrangeait beaucoup de monde.

L'instinct maternel redevenait à la mode. D'ailleurs, dès 1981, le psychanalyste pour enfant Bruno Bettelheim me fit savoir son mécontentement à l'égard de la thèse que je défendais dans *L'Amour en plus*. Sollicité par mon éditeur pour écrire une préface à l'édition américaine, il répondit en ces termes : « Toute ma vie j'ai travaillé avec des enfants dont la vie avait été détruite parce que leur mère les haïssait [...]. *La démonstration qu'il n'y a pas d'instinct maternel – bien sûr qu'il n'y en a pas*, sinon ils n'auraient pas été si nombreux à avoir besoin de mes services – et qu'il y a tant de mères qui rejettent leurs enfants, cette démonstration ne servira qu'à libérer celles-ci de leur sentiment de culpabilité, seul frein qui permette de sauver certains enfants de la destruction, du suicide, de l'anorexie, etc. Je ne veux pas prêter mon nom à la suppression du dernier rempart offrant à beaucoup d'enfants malheureux une protection contre la destruction [1]. »

La théorie du lien (bond)

Dix ans après la théorie de l'attachement (de l'enfant à sa mère) de John Bowlby, deux pédiatres américains proposaient une théorie du lien de la mère à l'enfant. Il y aurait nécessité biologique qu'elle soit mise en contact physique avec son bébé immédiatement après la naissance pour que des relations satisfaisantes s'établissent entre elle et lui. « La saga du bonding [2] » commence en 1972 avec la publication d'un article de John Kennell et Marshall Klaus (également promoteurs de la doula) dans le New

---

1. Lettre du 7 juillet 1981 adressée à Macmillan publishing, qui publia *L'Amour en plus* (1980) sous le titre *Mother Love, Myth and Reality* en 1981. Souligné par nous. Cette lettre n'a rien ôté à mon admiration pour l'œuvre immense de Bruno Bettelheim en faveur des enfants autistes, même si je crois toujours aux vertus de la vérité. Elle a été partiellement publiée par Nina Sutton en 1995 dans sa biographie, *Bruno Bettelheim. Une vie*, p. 425-426.
2. Diane E. Eyer, *Mother-Infant Bonding : A Scientific Fiction*, 1992, p. 2.

England Journal of Medecine. Convaincus que la femme partage avec d'autres espèces un comportement instinctif, ils s'inspirent de celles-ci pour l'appliquer aux nouvelles mères : « Chez certaines femelles, telle la chèvre, la vache et la brebis, la séparation de la mère et de son petit immédiatement après la naissance pour une période aussi courte que quatre heures peut avoir des conséquences aberrantes sur leur comportement maternel : refus de s'en occuper et de les nourrir. En revanche, s'ils sont ensemble les quatre premiers jours, puis séparés le cinquième pour une période équivalente, la mère retrouve tous ses instincts protecteurs et maternants quand ils sont à nouveau réunis [1]. »

Arguant de leurs expériences sur les jeunes accouchées, ils affirment qu'elles ont seize heures après l'accouchement pour établir un contact « peau à peau » avec leur nouveau-né. Ainsi, la relation mère-enfant et le développement ultérieur de l'enfant seraient meilleurs. Ces effets spectaculaires seraient censés être la conséquence d'une « période sensible » chez la femme qui vient d'accoucher durant laquelle

1. M. Klaus, P. Jerauld, N. Kreger, W. McAlpine, M. Steffa et J. Kennell, « Maternal Attachment : Importance of the First Postpartum Days », *New England Journal of Medecine*, 286, (9), mars 1972, p. 460-463. Traduit par nous.

elle est hormonalement déterminée à accepter ou rejeter son enfant.

La notion de « période sensible » pour l'attachement maternel fut très vite institutionnalisée. Les deux pédiatres firent la tournée des hôpitaux américains, organisèrent des ateliers avec les professionnels et publièrent un livre en 1976, qui marqua les esprits : *Maternal Infant Bonding*. « La notion de lien fit vibrer la corde sensible de groupes aussi différents que les organisations religieuses fondamentalistes, les féministes et les partisans de la naissance naturelle. L'idée fut popularisée par les mass médias et les hôpitaux mirent à disposition des accouchées des pièces spéciales à cet effet [1]. » Devant le désespoir et la culpabilité des parents qui n'avaient pas connu cette expérience, les deux pédiatres publièrent en 1982 un nouveau livre [2] qui visait à les réconforter : « En dépit de ce manque de premier contact [...], presque tous les parents s'attachent à leur bébé. » Pour satisfaire père et mère, sans abandonner leur théorie de la « période

---

1. Diane E. Eyer, *op. cit.*, p. 3. Elle souligne également que les travailleurs sociaux chargés de la prévention de la maltraitance des enfants accueillirent avec enthousiasme cette théorie.
2. *Parent-Infant Bonding*.

sensible », ils affirmaient cette fois : « Il y a des preuves manifestes que trente ou soixante minutes d'étroits contacts avec le bébé qui vient de naître devraient être effectués par tous les *parents* [instinct maternel ou instinct parental ?] pour renforcer l'expérience du lien [1]. »

Cette théorie suscita un nombre considérable de travaux, tant aux États-Unis, au Canada, qu'en Europe durant une décennie. Certains en déduisirent que l'échec du *bonding* à la naissance était la cause des maltraitances ou de problèmes comportementaux de l'enfant. La notion de *bonding* évolua et s'étira. Des liens qui suivent les heures de la naissance, on en vint à ceux qui devaient unir la mère à son enfant toute la première année de sa vie.

T. Berry Brazelton, le plus célèbre pédiatre de l'époque, était de ceux-là et plaidait pour que la mère reste à la maison auprès de son enfant durant cette période. Lors d'une émission de télévision en 1988, il expliqua que cette première année faisait toute la différence : « Si les enfants n'ont pas cela, ils deviendront insupportables à l'école et n'y réussiront jamais ; ils rendront tout le monde furieux ; ils

---

1. Diane E. Eyer, *ibid.*, traduit et souligné par nous.

deviendront plus tard des délinquants et éventuellement des terroristes [1]. »

On imagine la panique et la culpabilité qui envahirent toutes les mères obligées de retourner travailler après l'accouchement [2] !

Le *bonding* « conçu comme un processus de tout ou rien apparaissant à une période sensible [3] » souleva une avalanche de critiques. Dès le début des années quatre-vingt, des chercheurs en psychologie du développement réexaminèrent les expériences de Kennell et Klaus et conclurent bien différemment. Parmi eux, le très sérieux Michael Lamb, qui affirmait « qu'on trouvait peu de preuves des effets à court terme du

1. Ces propos tenus dans l'émission du journaliste Bill Moyers « The world of ideas », sont rapportés par D. E. Eyer, *op. cit.*, p. 4.
2. Quelques années plus tard, T. Berry Brazelton mit de l'eau dans son vin. Voir *Touchpoints*, 1992, en français : *Points forts. De la naissance à trois ans*, 1999, p. 67-68. On peut y lire : « Certains [...] ont pris les implications de la recherche sur le *bonding* trop au pied de la lettre [...] L'attachement au bébé est surtout une évolution à long terme et non seulement un moment court et magique. » De même, il admet à présent qu'une jeune mère puisse retourner à son travail quatre mois après la naissance : « Les parents ont plus besoin du bébé que le bébé ne semble avoir besoin d'eux », p. 121-123.
3. Jacques Dayan, Gwenaëlle Andro, Michel Dugnat, *Psychopathologie et périnalité*, 2003, p. 13.

bonding et aucune des effets à long terme [1] ». Il pointa les différentes erreurs méthodologiques des deux pédiatres et conclut que le « peau à peau » n'avait pas d'influence évidente sur le comportement maternel. D'autres études démontrèrent l'inconsistance de la théorie du lien qu'ils opposaient à celle de l'attachement de l'enfant à sa mère de John Bowlby. Contrairement à la chèvre ou à la vache, la mère humaine n'a pas de comportement automatique. Les hormones ne suffisent pas à faire une bonne mère !

Pourtant, avec obstination, les partisans du naturalisme, notamment ceux qui se vantent d'être les « amis des bébés [2] » (comme si tous les autres étaient les ennemis des bébés !) continuent de préconiser le « peau à peau » dans l'instant qui suit la naissance pour réveiller l'instinct maternel. C'est même devenu une des conditions mises par l'OMS pour mériter le label « Hôpital ami des bébés » ! En France, les adeptes de la Leche League militent en ce sens. Edwige Antier, populaire pédiatre qui dispensa ses conseils durant plusieurs années sur les ondes de

---

1. Les différents articles de M. Lamb dans *Journal of Pediatrics* sont cités par D. Eyer, *op. cit.,* p. 4.
2. L'« Hôpital ami des bébés » est un label de qualité proposé par l'OMS et l'UNICEF en 1992 pour tous ceux qui encouragent l'allaitement maternel. Voir *infra*, p. 125.

France Inter, n'a jamais raté une occasion d'en faire écho. Ses nombreux livres destinés au grand public répètent à l'envi que le « peau à peau » est un de ces « moments cruciaux » qu'il ne faut pas rater. Écoutons-la : « Laissons la mère envelopper son nouveau-né dans la niche de ses bras. Préparée à la naissance par son corps et son psychisme, la voilà particulièrement réceptive aux signaux émis par son enfant [...]. Le bébé envoie des signaux à sa mère, qu'elle seule reçoit. Le drame est que cette compréhension instinctive reconnue depuis les temps les plus reculés dans la plupart des cultures a été niée dans la nôtre. Ce courant de pensée qui prête à la mère une folie [?] contre laquelle il faut lutter entraîne, dès le séjour en maternité, des conduites destructrices de l'*instinct maternel* [...]. L'interaction entre la mère et le nouveau-né nous émerveille, et nous observons, nous pédiatres de maternité, combien il est important de ne pas séparer l'enfant de sa mère si l'on veut que celle-ci reste à percevoir les messages subliminaux que lui adresse son bébé[1]. »

« L'instinct maternel existe, je le rencontre tous les jours », affirme Edwige Antier, qui ajoute pour

---

1. *Éloge des mères*, 2001, p. 68-69, souligné par nous. Il n'est pas indifférent de citer le sous-titre de cet ouvrage : « Faire confiance à l'instinct maternel pour favoriser l'épanouissement de nos enfants ».

appuyer son expérience : « Les plus récents travaux des biologistes et des spécialistes en neurosciences prouvent l'existence de l'instinct maternel. » Le tout sans la moindre référence, ni renvoi à une explication ou une démonstration. Soit l'argument d'autorité dans toute sa splendeur ! Elle se contente de nous rappeler les poncifs habituels : « Dès sa plus tendre enfance, la femme se perçoit comme dévolue à la maternité [...]. Ainsi la petite fille [s'y] prépare-t-elle, dès sa toute tendre enfance [1]. » On s'étonne que la pédiatre, qui aime à donner en modèle la « maman chatte » et à nous rappeler notre statut de mammifère, n'ait pas songé à se référer au livre de Sarah Blaffer Hrdy, qualifié de magistral par toute la critique américaine, *Mother Nature. A History of Mothers, Infants and Natural Selection* (1999). Il fut publié en France trois ans plus tard sous le titre éloquent : *Les Instincts maternels*.

La primatologie et l'anthropologie au secours de l'instinct

Primatologue, anthropologue et sociobiologiste qui veut rompre avec le courant réactionnaire de cette discipline, Sarah Blaffer Hrdy est loin d'être

1. *Ibid.*, p. 54-55.

insensible à la problématique féministe, raisons pour lesquelles son livre reçut un accueil chaleureux. Intelligemment, elle pose beaucoup de questions et y apporte des réponses nuancées. Elle n'est pas la première anthropologue à défendre l'importance des instincts. Trente ans avant elle, Margaret Mead, dont on connaît les thèses culturalistes, écrivait un article qui allait dans le même sens. Elle y déclarait : « Les signaux que les parents envoient aux enfants et ceux que les enfants envoient aux parents sont construits à partir de réponses innées [...]. La gestuelle infantile – d'abord esquissée puis plus ferme – est le moyen biologiquement déterminé par lequel le nouvel humain demande l'attention [...]. La réponse de l'adulte se compose d'une composante innée et biologique et de tout ce qu'un homme ou une femme adulte a appris sur l'impuissance, les besoins et les demandes des enfants [1]. »

La réflexion de Sarah B. Hrdy se fonde sur la comparaison des comportements maternels des rongeurs, des primates et des femmes : quasi-automatiques pour les premiers et de plus en plus flexibles pour les deux autres. Tout dépend des hormones du maternage et de leur réceptivité dans le cerveau.

1. *Redbook*, décembre 1970.

Des rongeurs aux primates, l'ocytocine pousse aux sentiments d'affiliation, mais les seconds, dotés d'un néocortex, montrent des réactions moins stéréotypées. Dans de nombreuses cultures, les anthropologues ont observé une réaction maternelle réservée, « période d'indifférence tandis que la femme récupère de l'épuisement de l'accouchement », confirmée par une étude sur les mères primipares britanniques : « 40 % déclaraient qu'elles ne ressentaient au départ aucune affection pour leur bébé[1] ». Pour Sarah B. Hrdy, ceci ne remet pas en cause le concept d'instinct, car les forts sentiments d'attachement pour le bébé ne sont que retardés dans les jours et semaines qui suivent. Bien qu'il n'y ait pas chez la femme de modèle de comportement universel comparable aux autres mammifères, bien qu'il y ait des mères dénaturées, infanticides ou indifférentes, et bien enfin que Sarah B. Hrdy reconnaisse l'influence du contexte historique, social et économique sur le sentiment maternel et la forte variation dans les réponses de la mère, rien de tout cela à ses yeux n'invalide la notion

1. *Les Instincts maternels, op. cit.*, p. 96-97. L'étude anglaise, « Delayed Onset of Maternal Affection after Childbirth » des Drs Robson et Kumpar, fut publiée dans le *British Journal of Psychiatry*, 136, 1980, p. 347-353.

d'instinct. L'amour maternel a une base biologique incontournable : la prolactine, l'hormone de l'allaitement. C'est l'allaitement et la proximité qu'il implique qui forgent des liens puissants entre la mère et son enfant.

Adepte de Bowlby [1], Sarah B. Hrdy se fait en conclusion le chantre d'un point de vue finaliste troublant : « Les bébés sont conçus pour s'assurer que le soin maternel est permanent [...] pour être des connaisseurs de maternage. Chaque caractère, chaque nuance d'un caractère qui accentuait la probabilité d'être materné, a été sélectionné [...]. La robustesse, la rondeur et la joliesse [...] sont des signaux adressés à la mère [...]. Être attaché à sa mère initie et maintient la lactation avec la cascade de conséquences physiologiques qui s'ensuit chez la mère, inondant son corps d'un sentiment de bien-être [...]. Alors que des lèvres serrées se referment fortement sur le sein et tirent [...] qui au juste est pris ? En quelques minutes, les niveaux maternels de cortisol s'élèvent ; l'ocytocine court le long de ses veines. Comme si elle recevait un massage, la

1. Mais pas de la théorie du *bonding* qu'elle compare à un « attachement velcro » et à la version moderne du processus éthologique de l'empreinte. Elle récuse l'extrapolation des études sur les brebis ou les chèvres aux femmes.

tension artérielle de la mère s'abaisse, l'ocytocine répand en elle un calme béat [...]. Une fois l'allaitement commencé, le terme d'*esclavage* décrit parfaitement l'enchaînement de la suite des événements. La mère est endocrinologiquement, sensuellement et neurologiquement transformée [...]. À partir du moment où ses glandes mammaires entament leur production, il faudra longtemps avant qu'elle soit suffisamment détachée émotionnellement et physiologiquement pour couper les ponts [...]. La maternité est inextricablement liée aux sensations sexuelles, et c'est le travail de l'enfant, par ses grognements et ses gazouillements, son toucher et son odeur, de tirer un maximum du système de récompense de *Mère Nature*[1], qui conditionne une femme à faire de son enfant sa première priorité[2]. »

Cet hymne à la bonne nature laisse en suspens plusieurs questions. Si l'allaitement est le facteur déclenchant de l'attachement maternel, *quid* de celles qui n'ont jamais allaité, comme ce fut le cas de millions de mères dans notre civilisation ? Ont-elles moins aimé leurs enfants que celles qui allaitent ? Mais surtout, *quid* de celles qui allaitent

1. Souligné par nous. Sarah B. Hrdy utilise cette expression à de nombreuses reprises.
2. *Op. cit.*, p. 605-608.

à la maternité et cessent dès qu'elles en sont sorties ou quelques semaines plus tard ? Ce qui est le cas le plus répandu aujourd'hui dans nombre de pays occidentaux. Si l'allaitement est cette plénitude induite par la biologie, pourquoi tant de mères ne désirent-elles pas poursuivre l'expérience, au moins jusqu'à la fin de leur congé de maternité ? Dans *Un heureux événement*, la jeune accouchée explique que pour allaiter, il faut « réapprendre » à être un animal ». Or, dit-elle, il y a deux types de femmes : « Celles qui ne rechignent pas à aller aussi loin dans la maternitude, et celles qui le refusent, celles qui acceptent d'être un mammifère et celles qui ne peuvent l'envisager. Il y a celles qui adorent être un animal [...], les militantes de l'allaitement, les fanatiques de la maternité, et celles qui en sont dégoûtées [...], celles qui le font par devoir ou par compassion [1]. » L'héroïne, elle, se range du côté des « allaitantes ». Elle éprouve tous les plaisirs et les bonheurs promis par Sarah B. Hrdy, au point qu'elle n'a même plus besoin de faire l'amour…

La littérature et de multiples témoignages confortent cette description de la maternité, notamment à toutes les époques qui pressent les femmes d'allaiter.

---

1. Éliette Abécassis, *op. cit.*, p. 71 et 79.

Trente ans plus tôt, l'héroïne d'Éliette Abécassis n'en aurait peut-être même pas eu l'idée. En aurait-elle été moins mère pour autant et peut-être une très bonne mère ? En vérité, il n'y a pas deux façons de vivre sa maternité, mais une infinité, qui interdit de parler d'un instinct fondé sur le déterminisme biologique. Celui-ci dépend étroitement de l'histoire personnelle et culturelle de chaque femme. Si nul ne nie l'intrication entre nature et culture, ni l'existence des hormones du maternage, l'impossibilité de définir un comportement maternel propre à l'espèce humaine affaiblit la notion d'instinct et, avec elle, celle de « nature » féminine. L'environnement, les pressions sociales, l'itinéraire psychologique semblent toujours peser plus lourd que la faible voix de « notre mère Nature ». On peut le regretter ou s'en féliciter, mais la mère humaine n'a plus qu'un lien fort lointain avec sa cousine primate.

LE TÊTE-À-QUEUE DU FÉMINISME

En moins d'une décennie (fin des années soixante-dix, début des années quatre-vingts), la théorie féministe opéra un virage à 180 degrés. Tournant le dos à l'approche culturaliste de Simone de Beauvoir qui préconisait une politique de l'égalité et de la mixité des sexes en vertu de leur ressemblance (ce qui les unit est plus important que ce qui les distingue), une seconde vague du féminisme découvre que la féminité est non seulement une essence, mais une vertu dont la maternité est le cœur. L'égalité, disent-elles, sera toujours un leurre tant que l'on n'aura pas reconnu cette différence essentielle qui commande tout le reste. Contrairement à Beauvoir qui n'y voyait qu'un épiphénomène dans la vie des femmes, source de leur oppression millénaire, une nouvelle génération de féministes considère la maternité comme l'expérience cruciale de la féminité à partir de laquelle on peut reconstruire un monde plus humain et plus juste. Pour ce faire, il fallut opérer un retour à Mère Nature, trop longtemps ignorée : remettre l'accent sur les différences physiologiques qui engendrent celles des comportements, retrouver la fierté de notre rôle nourricier dont dépendent le bien-être et le destin de l'humanité. Sur bien des points, ce féminisme différentialiste et naturaliste fait cause commune avec les deux discours précédents.

Du biologisme au maternalisme

Au début des années soixante, une jeune universitaire, professeur de sociologie et mère de trois enfants, Alice Rossi, jette un petit pavé [1] dans la mare. Alors que l'idéologie de la bonne mère confine la femme à la maison, elle a l'audace de souligner l'absurdité qui consiste à faire du maternage une profession à temps complet. Près de quinze ans plus tard, la même publie un article qui fera à nouveau référence, mais en sens inverse : « A Biosocial Perspective on Parenting [2] ». Elle défend à présent l'idée que les femmes ont été trop loin dans leur rejet de leur rôle nourricier. Convaincue par la théorie du *bonding*, et adoptant une perspective sociobiologiste, elle affirme à présent que la biologie commande la division du travail entre les sexes. Nécessaire à notre survie depuis le temps des chasseurs-cueilleurs, l'instinct maternel (qu'elle appelle pudiquement « *unlearned responses* ») est inscrit dans nos gènes et nous sommes encore aujourd'hui « génétiquement pourvues de cet ancien héritage

---

1. « Petit » si on le compare à la bombe lancée par Betty Friedan, dont le livre, *The Feminine Mystique* (1963) – *La Femme mystifiée* (1964) – fut vendu à des millions d'exemplaires dans le monde entier.
2. In *Daedalus*, 106 (2), printemps 1977, p. 1-31.

primate mammalien ». Raison pour laquelle l'investissement maternel auprès de l'enfant est infiniment supérieur à celui du père. Cet investissement plus grand de la mère à l'égard de l'enfant dès sa naissance se perpétue aux stades suivants de son développement et justifie l'état de fait actuel.

C'est ainsi qu'Alice Rossi fut l'une des premières à ouvrir une brèche dans le féminisme égalitaire [1], alors même qu'elle était l'une des fondatrices du puissant mouvement NOW [2]. Cet article qui remettait le biologique, donc la maternité, au cœur de la problématique féminine, arrivait à point nommé. Les acquis féministes piétinaient et on leur reprochait même de n'avoir point réglé le problème essentiel de l'inégalité des sexes. Certaines en conclurent qu'elles avaient fait fausse route. Si l'égalité n'est qu'un leurre, dirent-elles, c'est que les différences ne sont ni reconnues ni prises en compte. Pour être les égales des hommes, les femmes ont renié leur essence féminine et n'ont réussi qu'à être les pâles décalques de leurs maîtres. Il faut, au

1. Son article fut sévèrement critiqué l'année suivante par un livre de Nancy Chodorow, qui fit grand bruit : *The Reproduction of Mothering*, 1978, p. 18-20.
2. National Organization for Women, créée en 1966 pour renforcer les droits des femmes.

contraire, revendiquer notre différence identitaire et en faire une arme politique et morale. Un nouveau féminisme mettant en avant chaque aspect de l'expérience biologique des femmes était né. Il exaltait les règles, la grossesse et l'accouchement. La vulve devint la métonymie de la femme[1]. On assista tout naturellement à un retour en force de la célébration du sublime maternel. Là était le vrai destin des femmes, la condition de leur bonheur, de leur puissance et la promesse de la régénération du monde si maltraité par les hommes. Des deux côtés de l'Atlantique, beaucoup s'enthousiasmèrent pour ce nouvel essentialisme qui célébrait le primat de la nature et les qualités féminines découlant de l'expérience maternelle. Ce maternalisme, à l'origine d'une nouvelle morale, servit de base à une autre conception du pouvoir et de la citoyenneté. Elle présentait en outre l'avantage de dépasser la problématique de l'instinct qui suscite toujours de farouches oppositions.

1. Maryse Guerlais, « Vers une nouvelle idéologie du droit statuaire : le temps de la différence de Luce Irigaray », *Nouvelles Questions féministes*, n° 16-17-18, 1991, p. 71.

La philosophie du care *ou la morale des femmes*

En 1871, Charles Darwin, que l'on ne peut pas soupçonner de féminisme, disait : « La femme semble différer de l'homme par sa plus grande tendresse et son moindre égoïsme. La femme, du fait de ses instincts maternels, témoigne à un éminent degré de ces qualités envers ses enfants ; il est donc probable qu'elle les étende souvent à d'autres créatures[1]. » Un siècle plus tard, la philosophie féministe du *care* développe, en termes plus sophistiqués, l'idée darwinienne. À ceci près que ce qui n'était que probabilité pour le savant du XIXᵉ siècle est devenue vérité indiscutable.

C'est Carol Gilligan qui jette les fondements de cette nouvelle morale qui va faire grand bruit dès la parution de son livre, *In a Different Voice*[2], en 1982. Le *care*, souvent traduit par « sollicitude » et qu'il faut entendre comme « le souci fondamental du bien-être d'autrui », serait la conséquence de l'expérience cruciale de la maternité. Spontanément sensibles aux besoins du tout petit, les femmes

1. Cité par Sarah B. Hrdy, *op. cit.*, p. 11.
2. Traduit en français en 1986 sous le titre *Une si grande différence*, il a été republié en 2008 sous le titre *Une voix différente*. Voir l'excellente présentation de Sandra Laugier et Patricia Paperman à cette nouvelle édition.

auraient développé une attention particulière à la dépendance et la vulnérabilité des êtres humains. Ce faisant, elles seraient porteuses d'une autre morale que celle des hommes. Carol Gilligan oppose l'éthique féminine du *care* à celle masculine de la justice. Alors que cette dernière fait appel à des principes universels qui mettent en œuvre des règles et des droits appliqués « impartialement », la morale du *care* est avant tout *particulariste* : « [Elle] part d'expériences rattachées au quotidien et des problèmes moraux de personnes réelles dans leur vie ordinaire. [...] Met l'accent sur la réactivité ou capacité de réponse (*responsiveness*) à des situations particulières dont les traits moraux saillants sont perçus avec acuité. Il y a bien un raisonnement spécifique du *care* : il ne valide pas ses réponses à des principes, mais donne sens aux détails concrets, spécifiques et les rend intelligibles dans les contextes de vie des personnes [1]. »

Même si elle en tire des conséquences opposées, Carol Gilligan apporte volontairement de l'eau au moulin de Freud. On se souvient qu'il souleva l'indignation de générations de féministes en affirmant : « La femme, il faut bien l'avouer, ne

1. Sandra Laugier et Patricia Paperman, *op. cit.*, p. V et XX.

possède pas à un haut degré le sens de la justice [...].
Chez elle, la faculté de sublimer les instincts reste
faible [1]. » La philosophie du *care* ne conteste pas le
verdict, mais ses causes et ses conséquences. Freud
et tous les théoriciens de la morale ont méconnu
l'apport éthique des femmes. Leur souci particulier
des autres est une autre forme de morale, en rien
inférieure à celle des hommes. Au contraire, plus
soucieuses de la vie et des relations concrètes entre
soi et les autres, plus à même de réparer que de
trancher, de protéger que de punir, les femmes
apportent à l'humanité une douceur et une compassion qui renouvellent la morale sociale. En conséquence, la maternité – jusque-là tenue pour une
relation privée – doit être pensée comme l'un des
deux modèles de la sphère publique. Elle seule peut
contrecarrer le monde individualiste, égoïste et
cruel du mâle libéral.

En France, Antoinette Fouque alla bien au-delà
du propos nuancé de Carol Gilligan. Elle affirma la
supériorité morale des femmes en vertu de leur
capacité de gestation : « La grossesse d'une femme, la
gestation, est le seul phénomène naturel d'acceptation

---

1. « La féminité », *Nouvelles Conférences sur la psychanalyse*,
1971, p. 176-177. Freud attribuait le déficit moral à l'envie
du pénis dans le psychisme féminin.

par le corps et donc par la psyché, d'un corps étranger. C'est le modèle de toutes les greffes [1]. » Propos qu'elle compléta par celui-ci, à jamais inoubliable ! « La gestation comme génération, geste, gestion et expérience intérieure, expérience de l'intime, mais aussi générosité, génie de l'espèce, acceptation du corps étranger, hospitalité, ouverture, volonté de greffe ré-génératrice ; la gestation intégratiste, a-conflictuelle, postambivalente des différences, modèle d'anthropoculture, matrice de l'universalité du genre humain, principe et origine de l'éthique [2]. »

Cette approche qui fait de la biologie le socle de toutes les vertus condamne dans un même élan les hommes et les femmes qui ignorent la maternité. Si les conséquences d'un naturalisme extrémiste n'appellent d'autre commentaire que le rire, elles ne sont pas tout à fait insignifiantes. En effet, elles n'ont pu être tirées que parce que le naturalisme suscite à nouveau une sorte de consensus [3] dans

1. *Il y a deux sexes*, 1995, p. 157.
2. *Ibid.*, p. 80.
3. Des féministes aussi indiscutables que Erica Jong ou Betty Friedan finiront par se rallier au maternalisme. La première, dans un entretien accordé en avril 1986 à *Vanity Fair* ; la seconde, dans son livre *The Second Stage*, publié en 1998.

notre société postmoderne. Consensus mou et diffus qui est en passe de devenir notre idéologie dominante, en dépit de la critique constante du maternalisme par les féministes historiques françaises [1].

Certes, le radicalisme des trois discours évoqués – écologie, sciences humaines et féminisme – ne concerne qu'une infime minorité de personnes : en priorité des intellectuels et des militants activistes. Mais la contemporanéité de ces trois nouvelles idéologies n'est pas fortuite et leur interconnexion pèse de tout son poids sur les esprits. Sans doute, la plupart des jeunes mères ne se reconnaissent en aucune d'entre elles en particulier, mais elles en subissent les effets plus ou moins lointains. Dorénavant, la nature est un argument décisif pour imposer des lois ou dispenser des conseils. Elle est devenue une

---

1. Colette Guillaumin, *Sexe, race et pratique du pouvoir : l'idée de nature*, Côté-femmes, 1992. Nicole-Claude Mathieu, *L'Anatomie politique : catégorisations et idéologies du sexe*, Côté-femmes, 1991. Marie-Claude Hurtig, Michèle Kail, Hélène Rouch (dir.), *Sexe et genre. De la hiérarchie entre les sexes*, CNRS, 1991, rééd. 2002. Christine Delphy, *L'Ennemi principal 1. Économie politique du patriarcat* et *L'Ennemi principal 2. Penser le genre*, Syllepse, 1998 et 2001. La revue *Questions féministes* (1977-1980) suivie des *Nouvelles Questions féministes* (depuis 1981).

référence éthique difficilement critiquable, auprès de laquelle le reste fait grise mine. À elle seule, elle incarne le Bon, le Beau et le Vrai chers à Platon.

Par-dessus tout, la philosophie naturaliste détient le pouvoir suprême de culpabilisation, capable de changer les mœurs. Au XVIIIe siècle, Rousseau, les médecins et les moralistes avaient su faire vibrer cette corde pour convaincre les mères de se consacrer entièrement à leurs enfants, de les allaiter, de les soigner et de les éduquer. Il en allait de leur survie, du bonheur de la famille et de la société et enfin de la puissance de la nation. Aujourd'hui les arguments ont quelque peu changé. Dans nos sociétés où la mortalité infantile est au plus bas, on n'en appelle plus à la survie des enfants mais à leur santé physique et psychique, déterminante pour le bien-être de l'adulte et l'harmonie sociale. Quelle mère n'éprouvera pas, au minimum, un pincement de culpabilité si elle ne se conforme pas aux lois de la nature ?

CHAPITRE III

MÈRES, VOUS LEUR DEVEZ TOUT !

Choisir d'avoir un enfant implique des responsabilités accrues à son égard. La mère qui rêve de l'enfant parfait va devoir en payer le prix. Or celui-ci est d'autant plus élevé que l'on découvre au cours des années quatre-vingt la complexité du développement de l'enfant et des besoins qu'on ne lui soupçonnait pas. Le bébé est une personne qui a des compétences, des rythmes à respecter et appelle une attention et des échanges de la part de celle (ou celui) qui s'en occupe. Les pédopsychiatres et les pédiatres relayés par les médias apprennent aux mères à communiquer avec leur petit dès la naissance, à déchiffrer ses cris, ses mimiques et les mouvements de son corps[1]. Elles

---

1. Voir T. Berry Brazelton, *Points forts. De la naissance à trois ans, op. cit.*

doivent être à l'écoute, savoir le comprendre, et le sti-
muler. Comme le note une historienne de la maternité : « Après la liberté joviale et innovante des années
soixante-dix, de nouvelles normes s'imposent au
cours des années quatre-vingts [...]. Le petit enfant
n'est pas un débile : à sa manière il comprend tout.
On s'adresse à lui comme un adulte, on l'avertit de ce
qui va lui arriver, on "met des mots" sur ce qu'il fait,
on le consulte (au moins pour la forme) au moment
d'aller le promener ou d'aller dormir. Plus question
de l'éduquer à la propreté : il décidera lui-même. Par
crainte de le traumatiser, de l'insécuriser, on se garde
d'aliéner son désir, on le laisse s'exprimer, c'est-à-dire
faire tout ce qu'il veut. Au risque de le percevoir bientôt comme un tyran [...]. Les tâches maternelles sont
devenues de plus en plus ambitieuses, de plus en plus
accablantes, sur fond d'anxiété et de nervosité [1]. »

MATERNITÉ ET ASCÉTISME

Les responsabilités maternelles commencent dès
la conception de l'enfant. À cette minute, il est

1. Yvonne Knibiehler, *La Révolution maternelle*, *op. cit.*,
p. 290-291.

vivement déconseillé à la mère de fumer une cigarette (ou un joint) et de boire une goutte d'alcool.
Depuis quelques années, les avertissements se font
de plus en plus alarmants et péremptoires. En 2004,
la conférence « Grossesse et tabac [1] » met en évidence une prévalence du tabagisme chez un tiers
des femmes en âge de procréer. Près de 15 % de
celles qui sont enceintes continueraient de fumer au
troisième trimestre de la grossesse. Or les risques
encourus sont multiples : retard de croissance intra-
utérin, hématomes rétroplacentaires, grossesses
extra-utérines. Le tabagisme de la mère est une des
premières causes de prématurité et de risque
d'asphyxie du nouveau-né ! L'Académie de médecine tire la sonnette d'alarme et préconise – comme
pour l'alcool – la tolérance zéro [2]. Faute de résultats,
deux ans plus tard le responsable de *Maternité sans
tabac*, le professeur Michel Delcroix, revient à la
charge. Invoquant le « droit au fœtus d'être non-
fumeur [3] », il rappelle aux fumeuses irresponsables
que « le déficit d'oxygénation par l'inhalation de

1. Lille, octobre 2004.
2. Claude Dreux et Gilles Crépin, « Prévention des risques
pour l'enfant à naître », *Bulletin de l'Académie nationale de
médecine*, 2006, n° 3, p. 713-724.
3. *Le Figaro*, 29 décembre 2008.

CO de la fumée de tabac ou de cannabis est la première cause toxique responsable de lésions cellulaires du système nerveux en développement pouvant conduire dans certains cas à l'infirmité motrice d'origine cérébrale (IMOC)... »

Au même moment, une étude américaine nous apprend qu'il ne suffit pas d'arrêter de fumer durant la grossesse, mais qu'il faut bannir totalement la cigarette des habitations où vivent des enfants. Le Dr Jonathan Winickoff a découvert le tabagisme ultra passif appelé par lui « tabagisme de troisième main [1] ». Les parents qui pensent protéger leurs enfants en aérant la pièce où ils viennent de fumer une cigarette ont tout faux. La disparition de la fumée ne signifie pas celle des risques pour la santé. Des résidus toxiques de la combustion du tabac qui s'incrustent durablement sur vitres, tapis et meubles, sont également nocifs. « Acide cyanhydrique, monoxyde de carbone, arsenic, polonium 210... La fumée de cigarette contient plus de quatre mille produits chimiques dont une cinquantaine sont reconnus comme cancérigènes... Les enfants qui subissent un tabagisme parental sont plus vulnérables aux

---

1. *Pediatrics* (2009), 123 (1), p. 74-79. Voir *Le Figaro*, 13 janvier 2009.

infections ORL et à l'asthme [...]. Or plusieurs études ont démontré que des niveaux élevés de toxines du tabac persistent dans les maisons bien après l'arrêt du tabagisme [1]. »

Même condamnation radicale de l'alcool. L'Institut national de prévention de l'éducation pour la santé appelle solennellement les femmes à *zéro alcool pendant la grossesse* [2]. L'INPES nous apprend qu'une consommation « même ponctuelle et modérée n'est pas anodine et peut entraîner des risques importants pour l'enfant à naître. [...] Lorsqu'une femme enceinte boit un verre, il y a rapidement autant d'alcool dans le sang de son bébé que dans le sien [...]. Les effets de l'alcool sur le système nerveux central du fœtus peuvent être très néfastes [...]. Une consommation quotidienne d'alcool, même très faible [...] est susceptible d'entraîner des complications durant la grossesse [...] ainsi que des troubles psychiques ou du comportement chez l'enfant exposé, tels que les troubles d'apprentissage, de la mémorisation, de l'abstraction, de l'attention... ». Gare à celle qui aura bu une coupe de champagne à un anniversaire ! Il est en effet recommandé aux

1. *Ibid.*
2. Dossier de presse du 11 septembre 2006, sous l'égide du ministère de la Santé et des Solidarités.

femmes enceintes de s'abstenir de toute consommation d'alcool dès le début de la grossesse et pendant toute sa durée. « Cette recommandation vaut pour toutes les occasions de consommation, qu'elles soient quotidiennes ou ponctuelles, même festives. »

Celles qui n'ont jamais fumé une cigarette ou but un verre de vin de leur vie applaudissent des deux mains. D'autres se refusent à abandonner leurs habitudes « vicieuses [1] ». Mais la plupart tentent de se conformer au nouveau diktat du principe de précaution. À lire Éliette Abécassis, être enceinte n'est pas loin d'entrer en religion : « Pour moi, le plus dur était de s'arrêter de boire. Devant le regard soudain sourcilleux de mon compagnon, il était impossible d'absorber ne serait-ce qu'une goutte d'alcool sous peine de culpabilisation extrême. Finis les fous rires pour un rien, les grandes envolées que l'alcool suscite, l'état d'apesanteur si agréable après le troisième verre de champagne [...]. Je tentai de remplacer l'alcool par autre chose : du Canada dry, de la bière sans alcool, des jus de carottes, mais non, rien n'y faisait. L'impératif catégorique s'abattit sur moi,

---

1. Une enquête anglaise d'Ipsos, datée du 28 mai 2001, nous apprend que seulement 11 % des femmes avaient abandonné l'alcool en devenant enceinte, et 26 % arrêté le tabac. Voir Canal Ipsos, http://www.ipsos.com

aussi tranchant qu'un couperet. J'étais responsable d'un autre que moi [1]. »

Ce texte résonne comme le glas des plaisirs, de la liberté et de l'insouciance propres au statut de non-mère. Telle la religieuse qui prend le voile, la future mère ne s'appartient plus. Dieu et le bébé sont seuls assez puissants pour mettre fin à la vie mondaine. L'image finale de l'exécution capitale est on ne peut plus éloquente… Comme sont loin les années soixante-dix où l'on pouvait vivre sa grossesse avec insouciance et légèreté !

LA BATAILLE DU LAIT

C'est l'allaitement qui est au cœur de la révolution maternelle à laquelle nous assistons depuis vingt ans. Insensiblement, mais sûrement, il gagne de plus en plus d'adeptes dans le monde occidental. Ce geste millénaire, loin d'être anodin, exprime une philosophie de la maternité qui conditionne le statut de la femme et son rôle dans la société. Dans les années soixante-dix, il est abandonné au profit du biberon qui permet aux jeunes mères de

1. *Un heureux événement, op. cit.*, p. 28.

continuer à travailler, et celles qui allaitent alors ne sont qu'une petite minorité. Le renversement de tendance aujourd'hui perceptible est largement dû au militantisme et à la stratégie remarquable d'une association de mères américaines : La Leche League [1]. Son histoire est étonnante [2].

Tout commence par un pique-nique l'été 1956 dans la banlieue de Chicago. Deux mères, Mary White et Marian Thompson, allaitent leur bébé sous un arbre. D'autres mères les approchent pour leur dire leur admiration, car allaiter leur semble une tâche bien difficile à réussir. Pour Mary et Marian, c'est au contraire l'art féminin par excellence. Avec cinq autres femmes comme elles, elles fondent La Leche League (LLL) pour aider « de

1. Nom donné, par l'époux de Mary White, l'une des fondatrices de la LL (lui-même obstétricien prônant l'accouchement naturel) en l'honneur d'une madone espagnole, sainte Augustine, qui veillait à l'heureuse délivrance des mères et leur donnait un lait abondant.
2. Voir Lynn Y. Weiner, « Reconstructing Motherhood : The La Leche League in Postwar America », *The Journal of American History*, vol. 80, n° 4 (mars, 1994), p. 1357-1381 ; Christina G. Bobel, « Bound Liberation : A Focused Study of La Leche League International », *Gender & Society*, vol. 15, 1 (février 2001), p. 130-151 ; Gilza Sandre-Pereira, « La Leche League : des femmes pour l'allaitement maternel », *CLIO*, n° 21, 2005, p. 174-187.

mère à mère » toutes celles qui veulent allaiter sans oser le faire par crainte des difficultés. Les sept fondatrices étaient catholiques et militaient au Christian Family Movement, connu pour ses positions traditionnalistes. Elles s'inspirèrent de la philosophie et des méthodes de ce dernier : organisation de petits groupes de discussion où l'on se soutient mutuellement. La première réunion prit place dans le salon de Mary White un soir d'octobre 1956. Toutes les trois semaines les mères venaient parler des avantages de l'allaitement et demander des conseils et de l'aide pour le réussir. Les réunions de la LL connurent un tel succès qu'il fallut multiplier les groupes qui s'étendirent très vite sur tout le territoire américain : 43 groupes de mères en 1961, 1260 en 1971, près de 3 000 en 1976. On compte 17 000 animatrices en 1981, alors que le taux d'allaitement maternel passe aux États-Unis de 20 % au milieu des années cinquante à 60 % au milieu des années quatre-vingt. Les animatrices reçoivent une véritable formation et se tiennent au courant des développements de la recherche scientifique sur l'allaitement. Dès 1958, la League publie son fameux livre, *The Womanly Art of Breastfeeding*, qui résume tous ses arguments et devient la bible des allaitantes. En 1990, on comptait plus de deux millions d'exemplaires vendus. Comme on le verra plus loin, les ambitions de la Leche League ne s'arrêteront pas aux frontières des États-Unis et connaîtront un développement international remarquable. À l'origine de son succès, un improbable renversement idéologique et une habileté politique digne d'admiration.

Le combat idéologique

Il prend appui sur deux principes plus ou moins clairement formulés. Le premier est que la bonne mère fait « naturellement » passer les besoins de son enfant avant tout. Le second, que les besoins de l'enfant sont fixés par la « nature » et qu'on les connaît progressivement de mieux en mieux [1]. Ces principes acquis, la Leche League déploie son argumentation autour de quatre thèmes majeurs : l'autorité morale de la nature, les avantages de l'allaitement, le statut de la femme et la réforme morale de la société. Bien que les deux derniers, plus politiques et polémiques, aient été opportuné-

1. Linda M. Blum, *At the Breast*, 1999, p. 4. La sociologue qui énonce ces deux principes affirme qu'ils caractérisent la maternité contemporaine.

ment mis sous le boisseau, ils sont particulièrement révélateurs de l'idéologie de la LL.

L'autorité de la nature est indiscutable. Elle tire sa légitimité de ses caractéristiques : « innée, essentielle, éternelle et non négociable [1] ». Depuis les années quatre-vingts/quatre-vingt-dix, souligne Glenda Wall, elle est sacralisée, porteuse de pureté, d'innocence et de sagesse. Les fondatrices de la League y voient aussi le symbole de la simplicité par opposition à notre époque scientifique et industrielle. Quoi de plus simple et de plus pur que l'allaitement ? « Le maternage par l'allaitement, affirme l'association, est la façon la plus naturelle et efficace de comprendre et satisfaire les besoins du bébé [2]. » Il faut donc ressouder la mère à son enfant et réveiller son instinct maternel étouffé tant par le pouvoir médical et scientifique que par l'individualisme et le consumérisme modernes. Retrouvant les accents moraux de Plutarque s'adressant aux mères romaines qui ne voulaient plus allaiter, on rappelle aux

1. Glenda Wall, « Moral constructions of Motherhood in Breastfeeding Discourse », *Gender & Society*, août 2001, p. 592-610.
2. Gilza Sandre-Pereira, « La Leche League : des femmes pour l'allaitement maternel », art. cité, p. 2.

mères que leurs seins appartiennent en priorité à leur bébé et qu'ils ont été créés pour nourrir.

Le deuxième thème longuement développé par les fondatrices de la League concerne les avantages de l'allaitement, dont la liste n'en finit plus de s'allonger au fil des années et des études publiées, toujours qualifiées de « scientifiques ». Les avantages physiques et psychiques pour le bébé sont connus depuis longtemps. Le lait maternel est parfaitement adapté au système digestif et au développement de l'enfant. Il renforce les immunités naturelles et diminue les risques d'allergie. La LL plaide pour un allaitement prolongé, bon pour la santé, et qui affermit sa relation avec sa mère. C'est à l'enfant de décider, et non aux médecins, de l'heure de ses repas comme de celle du sevrage. L'idéal est donc l'allaitement à la demande aussi longtemps qu'il le désire. Côté maternel, les avantages ne sont pas moins grands : non seulement l'allaitement la remet plus rapidement en forme physique après l'accouchement et lui offre une contraception naturelle, mais il la protège aussi du cancer du sein, et peut-être plus important encore, il la fait « grandir en tant qu'être humain [1] ».

1. Lynn Y. Weiner, « Reconstructing Motherhood… », art. cité, p. 1370.

Depuis cinquante ans, une liste impressionnante d'avantages supplémentaires s'est ajoutée à ces premiers. Pour le nourrisson : la diminution de la sévérité de nombreuses pathologies infectieuses (méningite bactérienne, bactériémie, diarrhée, infection urinaire, septicémie chez le prématuré [1]). Certaines études affirment aussi que l'allaitement diminue les risques de mort subite du nourrisson, de diabète type 1 et 2, de lymphome, leucémie, maladie de Hodgkin dans l'enfance, d'obésité, d'hypercholestérolémie, d'asthme, voire de sclérose en plaques. D'autres ont même entrepris de montrer que l'enfant allaité connaissait un meilleur développement cognitif… Aux bénéfices déjà évoqués pour la mère, on ajoute à présent : une meilleure relation à l'enfant, la prévention de la dépression post-partum, des hémorragies, des infections, des anémies et surtout la prévention du cancer de l'ovaire et de l'ostéoporose. Cerise sur le gâteau, l'allaitement lui permet un retour plus rapide au poids antérieur à la grossesse.

---

1. Vicky Debonnet-Gobin, *Allaitement maternel et médecine générale*. Thèse pour le doctorat en médecine soutenue le 26 septembre 2005. Université de Picardie Jules Verne/Faculté de médecine d'Amiens, p. 9.

Nombre de ces avantages sont vérifiés, à condition que l'allaitement dure au moins six mois. D'autres ne le sont pas. À ce jour, c'est la Société française de pédiatrie qui a publié le rapport le plus objectif sur cette question [1], n'hésitant pas à faire part des incertitudes et des enquêtes biaisées. Ainsi, l'affirmation de la supériorité du lait maternel pour le développement intellectuel de l'enfant s'est révélée infondée. On avait tout simplement oublié de prendre en compte les caractéristiques sociales, économiques et culturelles de la mère ainsi que sa situation familiale [2].

Enfin depuis une quinzaine d'années, deux nouveaux types d'arguments ont fait leur apparition dans la littérature des partisans de l'allaitement : les uns économiques, les autres écologiques. En 1994, le Dr Bitoun évalue le surcoût de l'alimentation « artificielle » à 4 640 francs par enfant la première

1. *Allaitement maternel. Les bénéfices pour la santé de l'enfant et de sa mère*, 2005, publié par le ministère des Solidarités, de la Santé et de la Famille.
2. Jean Rey, « Breastfeeding and Cognitive Development », *Acta Paediatrics Supplement*, 2003, 442, p. 11-18 ; Geoff Der *et al.* « Effect of Breastfeeding on Intelligence in Children », *British Medical Journal*, octobre 2006, 333, 945, Internet : http://www.bmj.com.

année[1]. Pour arriver à ce résultat, l'auteur s'est livré à un savant calcul des mesurettes de lait en poudre nécessaires les douze premiers mois, auxquelles il ajoute les coûts du matériel (biberons, stérilisateur, etc.), de l'eau et de l'électricité. Mais si l'on prend en considération les économies de frais médicaux et pharmaceutiques liés à des pathologies « évitables » par l'allaitement, ainsi que celle d'une contraception maternelle durant les six premiers mois, on arrive au chiffre global de 1 837 euros[2] par an et par famille, soit près de l'équivalent de deux SMIC. Par ailleurs, on ne manque pas de nous faire remarquer les bienfaits écologiques de cette alimentation qui épargne bien des dépenses de combustibles : l'eau minérale pour les biberons, l'eau courante pour les laver, l'électricité ou le gaz pour les chauffer, le fer, le plastique et le papier pour la

1. Pierre Bitoun, « Valeur économique de l'allaitement maternel », *Les Dossiers de l'obstétrique*, avril 1994, 216, p. 10-13. Le docteur Bitoun est pédiatre et membre de la Société européenne pour le soutien à l'allaitement maternel. 4 640 francs en 1994 représentent à peu près 700 euros. Plusieurs calculs du même ordre ont été faits dans d'autres pays. Voir T. M. Ball et Al. Wright, « Health Care Costs of Formula Feeding in the First Year of Life », *Pediatrics* (1999), 103, p. 870-876.
2. Chiffre avancé par V. Debonnet-Gobin dans sa thèse, *op. cit.*, p. 10.

fabrication des boîtes de lait, sans parler de l'énergie nécessaire pour transformer le lait de vache en lait de substitution [1]...

La conclusion est sans appel : la bonne mère est celle qui allaite. Pour plus de sûreté, la League publia les dix points fondamentaux de sa philosophie en 1985 [2] :

1. L'allaitement est la manière la plus naturelle et efficace de comprendre et de satisfaire les besoins du bébé.

2. L'enfant et la mère ont besoin d'être en contact très tôt et souvent pour établir une relation satisfaisante, qui permette à la mère de fournir le lait adéquat.

3. Les premières années, le bébé a un besoin intense d'être avec sa mère, besoin aussi essentiel que celui de nourriture.

4. Le lait du sein maternel est la meilleure nourriture de l'enfant.

5. Pour avoir un bébé en pleine santé, seul le lait maternel est nécessaire jusqu'à ce qu'il manifeste son besoin d'une nourriture solide, vers le milieu de la première année.

1. *Ibid.*, p. 11.
2. Publié par Christina G. Bobel, « Bounded Liberation... », art. cité, p. 149. Traduit par nous.

6. Idéalement, l'allaitement continuera aussi longtemps que le bébé en manifestera le désir.

7. La participation active de la mère à l'accouchement [accouchement naturel] l'aidera à bien démarrer l'allaitement.

8. L'allaitement et la relation mère/enfant sont renforcés par l'aide et l'amour du père du bébé.

9. Une bonne nutrition passe par une alimentation de produits naturels.

10. Dès le départ, les enfants ont besoin de parents tendres qui les encouragent et sont à l'écoute de leurs sentiments.

Aujourd'hui le site Internet en anglais Alterna-Mom énonce « les dix commandements de l'allaitement [1] », sous la forme et sur le ton de ceux de la

---

1. http://www.alternamoms.com/nursing.html : « The ten commandments of breastfeed » (qui s'arrêtent au neuvième !), traduits par nous. En revanche la version française, « Les dix commandements de l'allaitement », qui se trouvent sur plusieurs sites (au nombre de 11 !), sont légèrement différents : 1. Une montre tu n'auras pas. 2. Donner à la demande tu feras. 3. Bien positionner bébé tu feras et sur le sein tu ne tireras pas. 4. Te reposer tu feras et le ménage papa fera. 5. Les bons conseils des non-allaitantes tu n'écouteras pas. 6. Donner les deux seins tu feras. 7. Tétines et biberons tu éviteras. 8. À la moindre douleur tu appelleras (La Leche League). 9. Ton instinct de maman tu écouteras et donner de l'eau tu ne feras pas. 10. Peser ton bébé à outrance tu ne feras pas. 11. De ton lait tu ne douteras pas.

Bible. De la règle et du conseil, on est passé à la loi sacrée, qui appelle à chaque fois un commentaire :

— JE SUIS LE LAIT DE TES SEINS. TU N'AURAS D'AUTRE NOURRITURE POUR L'ENFANT DANS TA MAISON.

Si on t'a donné des échantillons de lait en poudre, jette-les à la poubelle.

— TU N'AURAS AUCUN SUBSTITUT ARTIFICIEL, EN LATEX OU SILICONE, BIBERON, TÉTINES OU SUCETTES.

Si le bébé veut sucer, offre lui tes seins.

— TU CONTACTERAS LA LECHE LEAGUE AU TROISIÈME TRIMESTRE DE TA GROSSESSE ET PARTICIPERAS À SES RÉUNIONS, SURTOUT SI TU N'AS JAMAIS VU D'AUTRES FEMMES ALLAITER.

La plupart des femmes n'ont pas eu la chance de voir leur mère allaiter. Or l'allaitement est un art qui ne se transmet pas par la lecture d'un livre.

— TU T'ENTOURERAS DE PROFESSIONNELS DE L'ALLAITEMENT DÈS L'ACCOUCHEMENT.

Assure-toi que les infirmières et le pédiatre encouragent l'allaitement.

— TU N'ABANDONNERAS PAS.

Ni dans les deux jours, deux semaines ou deux mois. Si tes mamelons sont douloureux, trouve de l'aide avant qu'ils commencent à saigner ou se crevasser…

– TU N'ÉCOUTERAS PAS CEUX QUI TE DISENT QUE TU NE PEUX PAS ALLAITER OU QUE TU ALLAITES TROP LONGUEMENT, TROP SOUVENT OU TROP LONGTEMPS.

N'écoute ni ta mère ni ta belle-mère qui te conseillent le biberon !

– TU NE SÈVRERAS PAS TES ENFANTS EN FONCTION DE TON CONFORT.

Les études ont montré que les enfants étaient biologiquement prêts à être sevrés *entre trois ans et demi et sept ans.*

– TU NE PERMETTRAS À PERSONNE DE CONTESTER L'ALLAITEMENT, LES BESOINS DU BÉBÉ ET L'ALLAITEMENT PROLONGÉ.

Ce qui inclut les médecins, les membres de la famille, etc.

– TU NE RESTERAS PAS SILENCIEUSE.

Tu soutiendras les femmes qui allaitent partout et toujours, même par un mot ou un sourire. Assure-toi qu'elles puissent trouver un groupe de la LL.

Si tu allaites en public et que l'on te fait le moindre commentaire, profites-en pour éduquer ces personnes.

On l'aura compris, les leagueuses sont en guerre contre le biberon et les horribles laits en poudre [1], la crèche et par conséquent le travail des « mamans ». Une bonne mère qui allaite à la demande est mère à plein temps. Raison pour laquelle la Leche League a toujours encouragé ses adeptes à rester à la maison.

Dans l'édition de 1981 de *The Womanly Art of Breastfeeding*, la question du travail de la mère est encore traitée de façon négative. Sa seule justification est l'impératif financier, si vraiment on ne peut pas faire autrement. Mais les animatrices font ce qu'elles peuvent pour décourager les mères de reprendre leur travail. Elles-mêmes, pour la plupart, ne travaillent pas en dehors de leur foyer [2]. Résultat : des études montrent que le taux d'allaitement maternel est plus important chez les femmes diplômées de l'enseignement supérieur que chez les ouvrières ou les employées. Pour ne pas voir son

1. Même si les pédiatres de bonne foi reconnaissent volontiers que les préparations lactées industrielles sont de mieux en mieux adaptées aux besoins nutritionnels du jeune enfant. *Allaitement Maternel*, 2005, *op. cit.*, p. 28.
2. Témoignage de Claude Didierjean-Jouveau, ancienne présidente de la LL France et actuelle rédactrice en chef de la revue *Allaiter aujourd'hui*, *in* Gilza Sanche-Pereira, art. cité, p. 5.

influence s'étioler, la LL assouplit sa position. En 1987, elle ajoute un chapitre à son guide pour aider les femmes à continuer d'allaiter après la reprise d'activité. Elle préconise le recours du tire-lait électrique qui permet à la mère de récupérer le précieux liquide et de le conserver au frigidaire pour être consommé durant son absence. Au demeurant ce procédé n'est qu'un moindre mal. Outre que nombre de femmes y répugnent, il ne résout pas le problème essentiel de la garde du bébé. Trouver une personne de confiance à laquelle le confier n'est pas chose aisée et coûte cher. Quant à la crèche, elle est vivement déconseillée au bébé de moins de un an. Edwige Antier, fidèle militante de la LL, ne manque pas une occasion de décourager les mères d'y avoir recours. « Au moment de confier son bébé à ce monde bruyant et assez anonyme [...] la mère pleure [1]. » « Dès que le bébé entre en crèche, il attrape les virus des copains avec leur cortège de rhinos, bronchiolites, etc. Si vraiment il est trop malade, s'il est trop souvent sous antibiotiques, il faut savoir essayer de trouver un substitut pour arrêter un peu la collectivité [2]. » Et pour terminer, cette

1. *Éloge des mères*, 2001, p. 166.
2. *Confidences de parents*, 2002, p. 113.

interrogation saisissante : « Ne massacre-t-on pas nos bébés en les retirant trop précocement à leur mère [1] ? »

La meilleure solution pour la mère et l'enfant est sans conteste le retour de la femme à la maison. Pour la convaincre d'opérer ce changement, il faut donc revaloriser la maternité, comme on l'avait si bien fait par le passé [2]. Tel est le quatrième thème de la Leche League. La mère qui allaite et reste à la maison a un rôle social considérable à jouer. Grâce à elle, l'enfant connaîtra un développement harmonieux qui profitera à la société. En effet, l'allaitement est considéré comme la parfaite initiation aux bonnes relations parents-enfants, qui renforce le lien familial et au-delà, la cohésion sociale. La mission des mères allaitantes est fondamentale puisqu'elle conditionne une réforme morale de grande envergure : « Chaque mère qui allaite son bébé est une actrice du changement social [3] », promet la League. Y a-t-il un devoir plus urgent que celui-ci ?

1. *Vive l'éducation !*, 2003, p. 13.
2. Elisabeth Badinter, *L'Amour en plus*, *op. cit.*, 1980, p. 186-190. Voir aussi Marilyn Yalom, *Le Sein. Une histoire*, Galaade Éditions, p. 14 ; à paraître en mai 2010.
3. *Allaiter aujourd'hui*, 1993, n° 16, p. 3.

L'envers de la médaille est évidemment la culpabilisation de toutes celles qui ne s'y retrouvent pas. On stigmatise les mères qui préfèrent donner le biberon et ne peuvent donc pas éprouver le même attachement physique à l'égard de leur bébé. L'un des médecins fondateur de la League avait du reste coutume de dire que celle qui biberonne « est une handicapée. Elle deviendra peut-être une bonne mère, mais elle aurait pu être bien meilleure si elle avait allaité [1] ». D'autres, plus récemment, ont carrément proposé de clouer au pilori celles qui refusent d'allaiter, comme on le fait des mères qui boivent ou qui fument : « Les médecins n'hésitent pas à condamner les parents qui fument ou ceux qui n'utilisent pas un siège pour bébé dans leur voiture, mais traitent l'allaitement comme une affaire de choix [2]. » Or cela ne l'est pas, car c'est un devoir « de protéger le bébé contre les dangers du lait artificiel ».

En conclusion : toutes les mères peuvent allaiter, il n'y a aucune difficulté qui ne puisse être surmontée, physique ou psychique. L'ambivalence

1. Lynn Y. Weiner, art. cité, p. 1368.
2. Conférence à La Leche League Internationale, sept.-oct. 1999, par Robin Slaw, « Promoting Breastfeeding or Promoting Guilt », *New Beginnings*, vol. 16, n° 5.

maternelle n'existe pas, et celles qui rechignent à se soumettre sont des inconscientes et de mauvaises mères. Cette idéologie maternaliste, même édulcorée dans certains pays comme la France par les partisans de la Leche League, n'a pas cessé de progresser depuis plus de vingt ans, grâce à des relais parfois inattendus.

Une stratégie politique de grande envergure

Depuis sa création, la Leche League a su très habilement faire alliance avec d'autres mouvements qui ne partageaient pas nécessairement tous ses postulats moraux. Ils passaient même pour réformateurs. Ces alliances ont étendu son influence bien au-delà de son milieu d'origine et de ses premières adeptes, les banlieusardes de la petite et moyenne bourgeoisie. Elle a pu toucher des publics très différents et donner le sentiment que son propos s'adressait à toutes, qu'il était universel.

Dans les années soixante, la League fait un bout de chemin avec le mouvement de la contre-culture qui prône le retour à la nature. « Les fondatrices de la League pensaient que le mouvement hippie aiderait à les rendre populaires. En outre il partageait la même rébellion contre l'*establishement*, y compris médical [1]. » Mais des tensions apparurent dans les années soixante-dix quand les militants demandèrent à la League de prendre position sur des questions aussi sensibles que le planning familial, la politique écologique ou l'avortement. Ce à quoi celle-ci se refusa obstinément, arguant que son message de la bonne maternité par l'allaitement ne devait pas être dilué dans d'autres causes et qu'elle y perdrait des adeptes.

Une autre alliance, plus profitable, fut celle qu'elle établit solidement avec la communauté médicale, adepte de la nouvelle naissance et du *bonding*, tous ceux qui refusaient la maternité « scientifique et technique ». En 1968, le *Journal of Pediatrics* publia « A salute to the Leche League International » en lui souhaitant bonne continuation. En 1974, la League reçoit des crédits de The American Medical Association et Brazelton, le gourou des bébés, est l'un de ses meilleurs alliés. En 1997, consécration suprême : l'American Academy of Pediatrics recommande d'allaiter au moins les douze premiers mois. Cette fois, on peut dire que la League a gagné le soutien du monde médical américain.

1. Lynn Y. Weiner, art. cité, p. 1375.

119

Enfin, en se présentant comme des féministes de la première heure qui militent pour reprendre la maîtrise de leurs corps, les fondatrices firent cause commune avec le nouveau mouvement féministe maternaliste. De part et d'autre, on luttait contre la médicalisation outrancière de la maternité et l'on prônait l'accouchement naturel et l'allaitement. Même si des désaccords ont toujours subsisté entre les deux groupes, notamment sur l'avortement ou le travail des femmes, les deux partagent une vision essentialiste de la femme, « par nature » plus à l'écoute des autres, plus sociale et pacifique que l'homme. À leurs yeux, le maternalisme est un humanisme libérateur. Sur l'essentiel, les leagueuses peuvent donc se retrouver dans les principes de la philosophie du *care*.

Outre cette politique d'alliances qui lui vaut d'être entendue dans de nombreux milieux, la League a su faire évoluer son discours sans renoncer à ses principes. On a vu comment elle a réussi à ne pas trop se couper des mères de plus en plus nombreuses à travailler hors de chez elles en leur proposant le tire-lait. Cette souplesse et cette capacité de compromis est l'un de ses atouts les plus précieux. L'association, qui pouvait apparaître comme une secte à ses débuts, a réussi à tisser un puissant réseau de femmes aux États-Unis et en Europe. Grâce à une stratégie internationale remarquable et un véritable entrisme dans les grandes institutions mondiales, elle est en passe de gagner la bataille du lait.

Quand on est convaincu d'œuvrer pour le bien de l'humanité, on ne s'arrête pas aux frontières de son pays. La League créa des filiales au Québec en 1960, en France en 1979 et en Suisse en 1981. Aujourd'hui elle est présente dans près de soixante-dix pays. La princesse Grace de Monaco fut l'une des premières personnalités à la soutenir publiquement et à en faire la promotion en Europe au début des années soixante-dix. Ayant identifié les causes du déclin de l'allaitement (manque d'information et de soutien aux mères ; rigidités hospitalières et manque d'information des professionnels de santé ; commercialisation agressive des substituts de lait, des biberons et des tétines), les Leagues des différents pays ont une feuille de route commune. Le premier ennemi à combattre est l'industrie des laits en poudre qui ne cesse de gagner des parts de marché dans les années soixante/soixante-dix. La cause des leagueuses marque un point décisif lorsqu'on découvre les conséquences désastreuses de l'utilisation de ces laits dans les pays pauvres. L'eau insalubre, les conditions d'hygiène et les températures élevées en font des poisons qui tuent [1]. L'Organisation mondiale pour la santé et l'UNICEF s'emparent du problème pour ne plus le lâcher. La Leche League va trouver là des appuis inespérés. Dès octobre 1979, elle envoie des représentants au colloque commun organisé à Genève par l'OMS et l'UNICEF, qui conclut à la nécessité de l'allaitement. Deux ans plus tard la League obtient le statut de consultant à l'UNICEF et va s'employer à faire de l'allaitement un problème de santé publique mondial.

Ce qui est remarquable, c'est l'extension de la recommandation de l'allaitement maternel dans les pays en voie de développement à tous les autres. Recommandation qui se fait de plus en plus impérieuse et contraignante au fil des années. Conformément au vœu de la Leche League et de ses soutiens médicaux, les grandes organisations internationales soulignent les méfaits des laits artifi-

---

1. Viviane Antony-Nebout rapporte qu'en 1989, l'UNICEF estimait que cinq mille enfants de moins de cinq ans mouraient chaque jour de diarrhées et d'infections respiratoires pour ne pas avoir été allaités, soit 1,5 million chaque année dans les pays en voie de développement. Voir *Hôpital ami des bébés : impact sur l'allaitement. Militantisme ou respect des femmes*. Thèse d'État de docteur en médecine, université de Poitiers, 2007, p. 20.

ciels dans les pays industrialisés. Vu les qualités spécifiques du lait maternel et la santé prétendument moins bonne des enfants nourris au biberon, on ne fait plus la différence entre l'état sanitaire d'un bébé né au Sahel et celui d'un autre né à Paris. Sus aux laits en poudre ! Dès 1981, les cent dix-huit États membres de l'OMS votent un code international de commercialisation des substituts de lait maternels pour en restreindre la diffusion [1]. Comme le note V. Antony-Nebout : « Après avoir été l'objet d'attention des industriels et des médecins, l'alimentation infantile passe dans le champ des diplomates et des organisations de l'ONU. » L'objectif mondial à atteindre tient en deux points : « Allaitement maternel exclusif pendant les six premiers mois de la vie (sans aucun ajout d'eau, de fruits ou de tisanes) ; allaitement complété jusqu'à deux ans au moins, où le lait maternel doit représenter encore un tiers de l'alimentation [2]. »

---

1. Il est notamment interdit d'en faire la promotion au grand public et d'en donner des échantillons gratuits aux mères. Toute information sur l'alimentation artificielle doit clairement mentionner la supériorité de l'allaitement maternel et compter une mise en garde contre les risques et le coût de l'alimentation artificielle. *Ibid.*, p. 24-25.
2. *Ibid.*, p. 23.

Devant l'inertie de certains pays – comme la France –, les organisations internationales appellent à des contraintes plus fortes. S'appuyant sur la Convention relative aux droits de l'enfant (votée le 20 novembre 1989), notamment sur l'article 24 [1], elles demandent à chaque gouvernement la création de mesures législatives, juridiques et administratives en faveur de l'allaitement. Le 1er août 1990, trente-deux gouvernements signent avec l'OMS, l'UNICEF et des organisations non gouvernementales la Déclaration d'Innocenti, qui rappelle les durées idéales d'allaitement et propose les moyens d'y parvenir. Parmi ceux-ci : désigner un coordinateur national et un comité national ; faire en sorte que chaque maternité suive les dix recommandations [2] pour le succès

1. Il stipule que l'enfant a le droit de jouir du meilleur état de santé possible.
2. Elles sont les suivantes : 1. adopter une politique d'allaitement maternel formulée par écrit et systématiquement portée à la connaissance de tous les personnels soignants ; 2. donner à tous les membres du personnel soignant les compétences nécessaires pour mettre en œuvre cette politique ; 3. informer toutes les femmes enceintes des avantages de l'allaitement maternel ; 4. laisser le bébé en peau à peau avec sa mère immédiatement après la naissance, prêt à téter, en proposant de l'aide si besoin ; 5. indiquer aux mères comment pratiquer l'allaitement au sein et comment entretenir la lactation même si elles se trouvent séparées de leur nourrisson ; 6. ne donner au nouveau-né aucun aliment ni

de l'allaitement ; faire appliquer le Code international de commercialisation des substituts du lait maternel ; assurer le droit pour les femmes qui travaillent d'allaiter leur enfant.

Un an plus tard [1], l'OMS et l'UNICEF lancent l'Initiative hôpital ami des bébés (IHAB) : les hôpitaux et maternité qui mettront en œuvre les recommandations précédentes recevront le label international « Ami des bébés ». Depuis lors, les organisations mondiales et les associations ne cessent de faire pression sur les gouvernements. Pour sa part, l'Union européenne a élaboré à deux reprises (2004 et 2006) des programmes pour promouvoir et favoriser l'allaitement tant au niveau politique que financier. Il s'agit toujours d'informer le public, de former les professionnels de santé, mais aussi de les évaluer et de les contrôler.

---

aucune boisson autre que le lait maternel, sauf indication médicale ; 7. laisser l'enfant avec sa mère vingt-quatre heures par jour ; 8. encourager l'allaitement au sein à la demande de l'enfant ; 9. ne donner aux enfants nourris au sein aucune tétine artificielle ou sucette ; 10. encourager la constitution d'associations de soutien à l'allaitement maternel et leur adresser les mères dès leur sortie de l'hôpital ou de la clinique.
1. En juin 1991, lors d'une réunion de l'Association internationale de pédiatrie.

À ce jour, force est de constater que la Leche League a gagné le combat idéologique [1]. Relayée par les grandes organisations internationales, elle a pu convaincre les politiques et les institutionnels de la supériorité de l'allaitement maternel. A-t-elle pour autant convaincu les mères de pratiquer l'allaitement exclusif pendant six mois, puis mixte jusqu'à deux ans ? Le bilan est contrasté mais ne cesse d'évoluer.

1. Il suffit de lire le texte introductif de la déclaration d'Innocenti pour se convaincre que la LL l'a emporté sur tous les points : « L'allaitement maternel constitue un moyen sans égal de nourrir l'enfant qui : – assure aux nourrissons une alimentation idéale qui favorise leur croissance et leur bon développement ; – réduit l'incidence et la gravité des maladies infectieuses, faisant ainsi baisser la morbidité et la mortalité infantiles ; – contribue à la santé des femmes en réduisant le risque de cancer du sein et de l'ovaire, et en augmentant l'intervalle entre les grossesses ; – apporte des avantages sociaux et économiques à la famille et à la nation ; – donne un profond sentiment de satisfaction à la plupart des femmes pour qui l'expérience est réussie. Ces avantages augmentent si les nourrissons sont exclusivement nourris au sein pendant les six premiers mois de la vie, et si, par la suite, la mère continue de les allaiter tout en leur donnant une alimentation de complément. »

LE BILAN

Globalement, tous les pays occidentaux ont vu le taux d'allaitement augmenter depuis les années soixante-dix. Aujourd'hui la majorité des femmes – voire quasiment toutes dans certains pays – allaitent durant leur séjour à la maternité. Sous la haute surveillance des infirmières (ou de la famille), il n'est pas facile de refuser ! En revanche la durée de l'allaitement, de retour à la maison, varie beaucoup d'un pays à l'autre et en fonction de la condition socioculturelle de la mère.

Des résultats spectaculaires

De l'autre côté de l'Atlantique, les progrès de l'allaitement sont notables, mais jugés encore insuffisants par les associations pro-allaitement. Aux États-Unis, les mères n'étaient que 24 % à commencer un allaitement au début des années soixante-dix. En 1982, on en comptait 62 % et en 2002, 70 %. L'objectif en 2010 est de 75 %. Il existe de fortes disparités selon les États. Seuls six États, dont la Nouvelle-Angleterre, ont atteint le taux souhaité de 50 % de mères qui allaitent encore à six mois alors que la moyenne nationale se situe

127

entre 33 et 36 %. Dans huit États, 25 % des femmes allaitent douze mois, contre 17 à 20 % dans le reste du pays [1].

Au Québec, l'augmentation est du même ordre. Les prévisions pour 2007 étaient de 85 % à la sortie de la maternité, 70 % au deuxième mois, 60 % au quatrième, 50 % au sixième et 20 % durant un an, alors que les Québécoises n'étaient que 5 % à allaiter durant six mois au début des années soixante-dix [2].

En Europe, les statistiques varient considérablement d'un pays à l'autre. Les bonnes élèves sont les Scandinaves et les cancres les Françaises, comme le montre les tableaux suivants [3].

1. *Journal of American Dietetic Association*, 2002, 105, p. 810-818.
2. Micheline Beaudry, « Recréer une culture d'allaitement maternel », *Le Périscope*, printemps 2002, vol 6.1. Voir le site Internet de l'Association pour la santé publique du Québec. Voir aussi : « L'allaitement maternel au Québec », in *Famillies en mouvance et dynamiques intergénérationnelles*, vol. V, n°1, mai 2005.
3. Statistiques 2002. Extrait du site IPA (Association information pour l'allaitement) : « EU Project on Promotion of Breastfeeding in Europe. Protection, Promotion and Support of Breastfeeding in Europe : Current Situation », European commission, Directorate for Public Health, Luxembourg, 2003 ; http://persowanadoo.fr/ipa : mise à jour 2004 de L'allaitement en chiffres/les données brutes/en Europe.

Initiation de l'allaitement à la naissance
ou à la sortie de la maternité

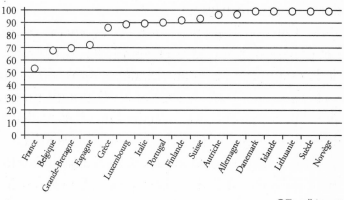

○ Tout allaitement

Taux d'allaitement à 3 ou 4 mois

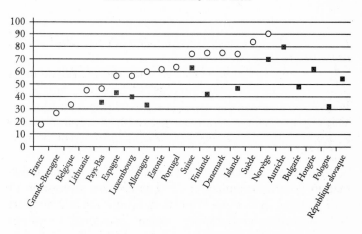

○ Tout allaitement   ■ Allaitement exclusif
« Tout allaitement » additionne l'allaitement exclusif et l'allaitement mixte.

Ces deux derniers diagrammes ne représentent pas la situation de la France, car les taux d'allaitement en France à 6 et 12 mois sont négligeables.

Taux d'allaitement à 6 mois

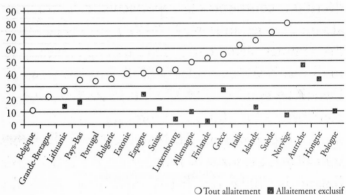

○ Tout allaitement　■ Allaitement exclusif

« Tout allaitement » additionne l'allaitement exclusif et l'allaitement mixte.

Taux d'allaitement à 12 mois (allaitement exclusif)

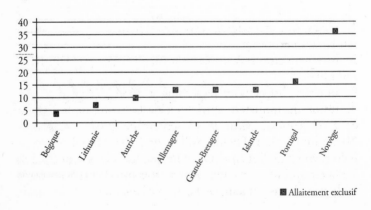

■ Allaitement exclusif

Ces statistiques qui font état de l'allaitement dans les années 2000-2002 doivent être resituées dans un contexte évolutif propre à chaque pays [1]. En ce qui concerne la Suède et la Norvège, nous savons que depuis les années cinquante, leur taux d'allaitement a décrit une courbe en « U » spectaculaire. Le creux fut atteint dans les années 1972-1973 : en Suède, 30 % des femmes allaitaient à deux mois et 10 % à six mois ; en Norvège, seules 5 % allaitaient à six mois. Depuis les années 1993-1994, la hausse des taux est constante [2]. En 2007, les scores des pays du Nord sont impressionnants. En Norvège, 99 % des bébés sont allaités à la sortie de la maternité, 95 % des bébés finlandais, 90 % des bébés suédois et 90 % des danois [3]. C'est aussi dans ces pays qu'ils sont allaités le plus longtemps. À côté, les bébés italiens (75 %) font triste mine. Seules les Autrichiennes (93 %) [4]

1. Hélas, ces statistiques évolutives manquent pour différents pays européens.
2. Internet, site IPA : http://assoc.ipa.free.fr/CHIFFRES/nord.htm.
3. Internet, http://www.paperblog.fr/233473/
4. Étude du ministère autrichien de la Santé, de la Famille et de la Jeunesse parue le 13 septembre 2007, « Kdolsky : Neue Studie zum Thema Stillen und dem Ernährungsverhalten von Saüglingen ». On y lit que les mères sont 93,2 % à allaiter après la naissance. Après trois mois, elles sont 60 % à allaiter exclusivement et 12 % partiellement. À six mois,

et les Allemandes (85 %)[1] soutiennent la comparaison.

Pour expliquer cette quasi-unanimité scandinave, l'IPA[2] invoque la conjonction de plusieurs facteurs : des associations pro-allaitement très actives relayées par une volonté politique au plus haut niveau de l'État : « Plutôt que de présenter l'allaitement comme un *devoir* des femmes, c'est bien en revendiquant un *droit* que les mères ont su redonner à l'allaitement son caractère naturel. [...] À ce droit est associé celui de pouvoir bénéficier d'un congé de maternité suffisant et d'une adaptation au monde du travail[3]. »

D'aucuns apprécieront la transformation positive du « devoir » en « droit ».

Mais un doute subsiste : que signifie l'unanimité dans une démocratie d'opinion ? Si l'allaitement est un droit, le non-allaitement l'est-il encore ? Les Norvégiennes ou les Suédoises peuvent-elles toujours exercer librement leur choix et refuser de se conformer à la norme morale et sociale ? Le chiffre

---

elles sont respectivement 10 % et 55 %. Lorsque l'enfant a un an, elles sont encore 16 % à allaiter partiellement.

1. Internet, site paperblog.
2. Information pour l'allaitement.
3. Les congés de maternité y sont les plus généreux d'Europe : en Norvège, ils sont de dix mois avec salaire intégral et douze mois avec 80 % du salaire.

de 100 % de femmes désireuses d'allaiter laisse aussi rêveur qu'un score analogue dans le sens inverse...

Les mauvaises mères

L'Irlande et la France sont les dernières de la classe, la honte de l'Europe allaitante ! En 1999, on estimait que seules les Irlandaises faisaient moins bien que les Françaises : 34 % [1] contre 50,1 % allaitaient à la naissance. Comme l'Irlande ne fournit que très peu de statistiques, on a pris l'habitude de faire coiffer le bonnet d'âne aux Françaises. Pourtant les associations en faveur de l'allaitement sont loin d'être inactives et la presse les relayent de mieux en mieux au fil des ans. La Leche League France, créée en 1979 compte aujourd'hui près de cent quarante antennes locales [2]. Elle édite deux revues trimestrielles [3] et participe, avec l'association *Co-Naître*, à la formation des personnels de santé. Son militantisme a déjà porté ses fruits si l'on en juge par la courbe croissante du taux d'allaitement à la naissance [4] :

1. Chiffre donné par IPA, Statistiques allaitement, juin 2001. http://www.dfmc.univ-rennes1.fr
2. En 2004, on estimait le nombre de leurs animatrices à deux cent trente-huit dans toute la France.
3. *Allaiter aujourd'hui* et les *Dossiers de l'allaitement*.
4. *LaNutrition.fr. Le Parisien* du 2 mars 2009 publiait les données suivantes : 65 % des Françaises allaitent à la sortie de la maternité, mais les deux tiers abandonnent après un

1995	45,6 %
1997	48,8 %
1999	50 %
2000	52,3 %
2001	54,5 %
2002	56 %

Certes les Françaises font toujours moins bien que les Belges (70 %) et les Suissesses (80 %), mais elles ne cessent de progresser. Le vrai point noir est ailleurs : la durée de l'allaitement dans l'Hexagone reste désespérément courte. Seuls 42 % des enfants allaités continuent de l'être après huit semaines (contre 86 % en Norvège à trois mois !) [1]. Disons-le franchement : les mères rechignent à jouer le rôle qu'on attend d'elles et les gouvernements qui se sont succédé depuis trente ans traînent les pieds pour mettre le pays en conformité avec les exigences de l'OMS relayées par les directives européennes. Il aura fallu pas moins de dix-sept ans [2] pour que la France se décide à faire appliquer le Code international de commercialisation des substituts de lait maternel

---

mois. Six semaines après l'accouchement, elles ne sont plus que 15 % à nourrir leur bébé au sein.
1. Site paperblog.
2. Décret du 30 juillet 1998.

134

voté en 1981 par l'Assemblée mondiale de la santé. Contrairement à la Grande-Bretagne, elle n'a pas signé la Déclaration d'Innocenti de 1990 qui fait obligation, entre autres, de désigner un coordinateur et un Comité national de l'allaitement.

Lassées de cette inertie politique, les associations de soutien et d'information sur l'allaitement se sont rassemblées pour créer en 2000 une nouvelle association, la COFAM [1], qui tente de faire office de coordinateur national. Elle organise chaque année la Semaine mondiale de l'allaitement, favorise les échanges entre professionnels et associations, diffuse de nombreuses brochures. Elle coordonne l'Initiative Hôpital ami des bébés et a reçu le soutien du ministère de la Santé. Dès 2001, les associations réussissent à faire figurer la promotion de l'allaitement parmi les neuf objectifs du premier Plan national nutrition santé (PNNS). Dans le deuxième plan lancé en 2006, l'objectif est cette fois chiffré : passer de 56 % à 70 % d'allaitement exclusif à la sortie de la maternité en 2010.

La partie n'est pas gagnée pour autant. Comme le constate V. Antony-Nebout : « Il y a un manque général de détermination à allouer des fonds suffisants aux

1. Coordination française pour l'allaitement maternel.

initiatives en faveur de l'allaitement maternel et en particulier en ce qui concerne l'Initiative hôpital ami des bébés[1]. » Alors qu'en 2007 on comptait 20 000 Hôpitaux amis des bébés (HAB) dans le monde, dont 650 en Europe, la France se traîne à la dernière place avec seulement cinq HAB[2] ainsi que le montre le tableau fait à partir des données UNICEF en 2007[3]. Même l'Irlande fait mieux que la France !

	Nombre d'HAB	% par rapport au nombre total de maternités	% du nombre national de naissances
Autriche	14	13 %	
Belgique	6		9,7 %
Bulgarie	5	4,5 %	10 %
Danemark	11	33 %	22 %
France	5	0,7 %	
Allemagne	18	1,8 %	
Hongrie	9	8 %	
Luxembourg	2	33 %	35 %
Irlande	3	14 %	17 %
Italie	8	1 %	1,5 %
Lituanie	6	12 %	

1. Voir sa thèse sur l'*Hôpital ami des bébés, op. cit.,* p. 45.
2. À Lons-le-Saunier, Roubaix, Cognac, l'hôpital de Saint-Affrique, Sud Aveyron et à Mont-de-Marsan.
3. Tableau publié par V. Antony-Nebout, *op. cit.,* p. 45.

	Nombre d'HAB	% par rapport au nombre total de maternités	% du nombre national de naissances
Macédoine	28	97 %	
Pays-Bas	38	20 %	35 %
Norvège	36	64 %	77 %
Pologne	52	11 %	
Roumanie	10	5,5 %	12 %
Russie	162	5 %	13 %
Espagne	10	1,1 %	
Suède	52	100 %	100 %
Suisse	59	40 %	55 %
Royaume-Uni	43	16 %	16 %

Cette nonchalance gouvernementale reflète bien celle de la société française et en particulier celle des femmes. Il y a peu de temps encore, on leur vantait l'allaitement comme un choix, un droit et un plaisir. À présent, le discours a changé et tend à se faire plus ferme. Faute de résultats satisfaisants, les promoteurs de l'allaitement sont passés à l'étape supérieure de la culpabilisation. On parle de moins en moins de droit et de plus en plus de devoir. Même l'Académie de médecine se fait désormais la militante empressée de l'alimentation au sein des nourrissons [1]. Le message

1. Elle a publié un rapport sur la question en mars 2009, voté, dit-on, à l'unanimité. On a même vu un académicien

est clair : la bonne mère est celle qui allaite. Comme par hasard, celle-ci a le même profil socioculturel dans tous les pays développés : elle a plus de trente ans, appartient à une catégorie socioprofessionnelle élevée, exerce une profession, ne fume pas, suit les cours de préparation à l'accouchement, et bénéficie d'un long congé parental [1].

Les sourdes résistances

Elles sont nombreuses, mais inaudibles ou souterraines. Rares sont ceux qui se risquent à critiquer la nécessité d'allaiter dans les pays développés, et il faut un sacré caractère aux jeunes accouchées pour braver les consignes des infirmières et puéricultrices. Fort rares aussi sont les experts médicaux qui distinguent clairement les bénéfices avérés de l'allaitement de tous les autres suggérés par certaines études puis démenties par la suite [2]. Le bilan dressé par la

au journal du soir de France 2 venir exposer solennellement les bénéfices sans fin de l'allaitement.
1. Vicky Debonnet-Gobin, thèse citée, p. 15. Il faut ajouter qu'aux États-Unis, ce sont davantage les femmes blanches que les noires qui allaitent.
2. On est frappé, par exemple, de trouver dans la thèse de Vicky Debonnet-Gobin une page (p. 9) consacrée aux bénéfices de l'allaitement pour le nourrisson (titre en gras) qui présente sur le même pied typographique les preuves

Société française de pédiatrie soulignait en 2005 : « Sous réserve qu'il soit exclusif et dure plus de trois mois, l'allaitement maternel diminue l'incidence et la gravité des infections digestives, ORL et respiratoires. Il s'agit du principal bénéfice-santé de l'allaitement maternel, responsable d'une diminution de la morbidité et de la mortalité chez l'enfant au sein, y compris dans les pays industrialisés [1]. » En revanche, il fit probablement un pas de trop en associant allaitement et développement cognitif de l'enfant. Un an plus tard, Geoff Der [2] publiait sa fameuse étude sur l'histoire et le quotient intellectuel de plus de cinq mille enfants et de leurs trois mille mères : étude qui concluait à l'absence de lien. En observant des familles ou un enfant avait été nourri au sein et l'autre pas (notamment des

---

certaines, celles « suggérées », et « les bénéfices discutés », comme si les trois rubriques de même nature s'ajoutaient les unes aux autres.

1. Rapport cité, p. 65. Il ajoute : « L'allaitement exclusif et prolongé six mois [...] permet une réduction du risque allergique chez les nourrissons à risque (père, mère, frère ou sœur allergique [...]), participe à la prévention ultérieure de l'obésité pendant l'enfance et l'adolescence. »

2. Geoff Der est un statisticien de la Medical Research Council's Social and Public Health Sciences à l'université d'Édimbourg. Voir les résultats de cette étude sur Internet, *BMJ*, octobre 2006.

jumeaux), il confirma que le facteur essentiel était le milieu socioculturel de la mère et que l'allaitement n'avait aucune influence sur le QI [1]. Ces résultats impressionnants n'empêchent pas les militants de l'allaitement de continuer à laisser croire le contraire [2].

Seule, Linda Blum, sociologue américaine, osa écrire dans son étude sur le sein qu'on avait gonflé les avantages de l'allaitement dans les pays développés. Que nombre des bénéfices proclamés étaient loin d'être établis et appelaient d'autres recherches ; enfin que les laits artificiels (ou maternés) ne cessaient de s'améliorer pour reproduire les mêmes

1. Parce que, en Grande-Bretagne, les mères n'allaitent pas non plus suffisamment longtemps et que les mères les plus instruites et favorisées allaitent davantage que les autres, Geoff Der procéda à son enquête aux États-Unis. Ses résultats mettaient fin à un mythe né en 1929. L'enquête, qui porta précisément sur 5 475 enfants (nés non prématurés) et leurs 3 161 mères (dont certaines ont eu des jumeaux), dura quinze ans, de 1979 à 1994.
2. Le rapport de l'Académie de médecine (mars 2009), pourtant assez prudent, continue de vanter le rôle de l'allaitement dans le développement intellectuel de l'enfant (p. 4) et se contente de citer une étude de 2001 sur 208 nouveaunés, en ajoutant, sans autre commentaire : « G. Der met en doute l'effet du lait maternel sur le développement intellectuel », p. 5.

avantages que le lait maternel [1]. Propos iconoclastes dont les médias se font peu l'écho ! Aujourd'hui, le biberon a le statut de « moindre mal », synonyme d'égoïsme maternel.

Il n'est pas facile de savoir ce que les femmes pensent vraiment de l'allaitement aujourd'hui où l'ambivalence maternelle est occultée. Il semble pourtant que l'on puisse distinguer, en France, trois catégories de mères. Celles pour lesquelles allaiter est une évidence, une expérience irremplaçable de plénitude et de bonheur. Les débuts ont été faciles et la réussite quasiment immédiate. Bien qu'on veuille faire croire que toute mère, bien conseillée, peut parvenir au même résultat, ces femmes restent une minorité. Ce sont elles qui allaitent plus de deux mois et ont recours, si elles travaillent, au tire-lait. À l'autre extrémité, près de 40 % des mères refusent toujours de tenter l'expérience. L'image de la mère allaitante ne les tente pas, non plus que le tête-à-tête avec leur bébé vingt-quatre heures sur vingt-quatre. Comme il est difficile d'afficher un égoïsme aussi monstrueux, il est probable qu'au fil des années et des pressions, elles seront de plus en plus nombreuses à tenter l'expérience, du moins tant qu'elles sont à la clinique.

1. *At the Breast, op. cit.*, p. 45-50.

141

Cette troisième catégorie de mères, qui commencent à allaiter à la maternité et cessent de le faire peu après le retour à la maison, invoquent rarement leur non-désir, voire leur dégoût de l'allaitement. Elles parlent de leur épuisement, de l'insuffisance de leur lait, de la douleur des mamelons crevassés, des heures passées à attendre que le bébé soit enfin rassasié, etc. Elles ont essayé, mais cela ne marche pas pour elles. Les militants de l'allaitement répondent en chœur qu'aucun de ces motifs n'est recevable et que toutes les femmes peuvent le réussir. Ils ont simplement rayé d'un trait de plume la réalité de l'ambivalence maternelle.

Pourtant certaines adeptes de la Leche League n'hésitent pas à dénoncer « la maternité piégée par le politiquement correct [1] » et tous ces manuels pratiques qui répandent des images d'Épinal sur la maternité sans dire un mot de l'envers de la médaille : le temps de la liberté révolue et le bébé glouton et despote qui dévore sa mère. Si celui-ci « est un bonheur, il est aussi une tornade dévastatrice. » D'autres se plaignent de n'être plus qu'un

---

1. Éliette Abécassis, Caroline Bongrand, *Le Corset invisible, op. cit.*, p. 90-91.

« repas ambulant [1] » ou une « tétine géante [2] ». Bref, d'être devenues un « écosystème » laitier et d'avoir perdu leur statut de sujet doté de désirs et de volontés [3]. Revendications qui n'ont pas lieu d'être dans la littérature des pro-allaitement. Ce qui est bon pour les unes est bon pour toutes. Même si certaines psychologues et psychanalystes [4] protestent contre cette conception de la maternité-réflexe et l'illusion de l'adéquation parfaite entre la mère et l'enfant qui peut faire des ravages, l'heure n'est plus à ces nuances. L'injonction sous-jacente à la nouvelle idéologie dominante est : « Mères, vous leur devez tout ! »

1. Élisabeth W. Tavarez, « La Leche League International : Class, Guilt and Modern Motherhood », *New York State Communication Association*, 2007, p. 3.
2. Expression empruntée à Marie Darrieussecq, *Le Bébé, op. cit.*, p. 23.
3. Glenda Wall, art. cité, p. 603-604.
4. Voir notamment Lyliane Nemet-Pier, *Mon enfant me dévore* (2003), qui met à mal le mythe de l'harmonie familiale et Marie-Dominique Amy, qui travaille avec des enfants autistes. Dans *Construire et soigner la relation mère-enfant* (2008), elle écrit : « Je trouve tout à fait condamnable de ne pas respecter les choix maternels quant au mode nutritionnel. On peut à la maternité discuter avec les mères des avantages et désavantages de l'allaitement ou du biberon. Mais imposer le sein à certaines mères qui ne le souhaitent pas confine à l'absurdité, peut participer d'un début relationnel très déséquilibré, voire très anxiogène pour la dyade. Honte à nous de contribuer parfois à instaurer une culpabilité qui est toujours mauvaise conseillère ! », p. 36-37.

CHAPITRE IV

L'IMPERIUM DU BÉBÉ

Ironie de l'histoire : c'est au moment où les femmes occidentales parviennent enfin à se débarrasser du patriarcat qu'elles retrouvent un nouveau maître à la maison ! En effet, comment continuer à parler du pouvoir du père alors qu'elle détient la maîtrise absolue de la procréation et peut assumer son indépendance financière ? Pourtant, trente ans plus tard, force est de constater que la domination masculine subsiste. Bien que les résistances des hommes au modèle égalitaire soient indiscutables, elles ne sont pas suffisantes pour expliquer l'état de fait. Les devoirs grandissants à l'égard du bébé et du petit enfant se révèlent aussi contraignants, sinon plus, que la guerre perpétuelle des machos à la maison ou sur le lieu de travail. On peut claquer la porte au nez des uns, mais pas des autres. Cette douce tyrannie des devoirs maternels n'est pas nouvelle, mais elle s'est considérablement accentuée avec le retour en force du naturalisme. Le maternalisme tant prôné n'a pour l'heure engendré ni matriarcat ni égalité des sexes, mais plutôt une régression de la condition des femmes. Régression consentie au nom de l'amour que l'on porte à son enfant, du rêve de l'enfant parfait et d'un choix moralement supérieur. Autant de facteurs bien plus efficients que les contraintes extérieures. Chacun le sait : rien ne vaut la servitude volontaire ! Dans ce bouleversement du modèle maternel, les hommes n'ont pas eu à bouger le petit doigt. C'est l'innocent bébé – bien malgré lui – qui est devenu le meilleur allié de la domination masculine.

La mère avant le père

Comme semble loin le temps où l'on bénissait le biberon qui promettait le partage des rôles parentaux dès la naissance ! En France, où 40 % des couples continuent de l'utiliser, il symbolise une sorte de résistance à l'égard des nouveaux canons. Rendons grâce à la diva incontestée des guides pratiques de puériculture, Laurence Pernoud, d'avoir maintenu le choix entre allaitement et biberon [1]. Celui-ci, dit-elle, est une occasion de contact supplémentaire entre le père et son bébé et soulage certaines mères. Propos qui paraîtront iconoclastes aux ayatollahs de l'allaitement au sein. Ceux-ci ont développé une conception du rôle parental très traditionnelle, même pimenté d'un brin de modernisme. C'est celle de la Leche League, exposée dans les années soixante : « Le père doit soutenir et encourager la mère à allaiter son bébé complètement. Il doit privilégier sa vie familiale plutôt que sa réussite professionnelle, passer plus de temps avec son enfant et prendre toute sa part des tâches domestiques [2]. » Propos repris tels quels par des pédiatres médiatiques, T. Berry Brazelton aux États-Unis ou Edwige Antier à Paris.

Entre-temps, les jeunes couples des années soixante-dix/quatre-vingts avaient expérimenté, grâce au biberon, un autre partage des rôles. Celui-ci était

1. Depuis la fin des années soixante jusqu'à la dernière édition de 2008, *J'élève mon enfant* présente les deux modes d'alimentation avec leurs avantages respectifs. Même si on devine la préférence de l'auteur pour l'allaitement, le biberon n'est en aucun cas stigmatisé.
2. *The Womanly Art of Breastfeeding*, 1963, p. 116.

plus propice à la liberté de mouvement de la mère, capable de sortir de chez elle, de dormir la nuit, voire de reprendre sa vie professionnelle plus apaisée. Ces pères nourriciers, parfois dits « papas poules », ont pris une part non négligeable au mouvement de libération des femmes, en aidant celles-ci à mener de front leurs différentes vies [1]. Même s'ils ne furent pas légion et souvent brocardés, et bien que les médias d'alors aient parfois exagéré leur importance, c'est quand-même eux qui ont modifié l'image du père traditionnel. Donner le biberon, changer les couches, baigner le bébé, tous ces gestes « féminins », pouvaient donc être accomplis par des hommes sans qu'on y voit une atteinte à leur virilité, ni un abandon des bébés par les mères. Évidemment, cette interchangeabilité des rôles ne pouvait convenir aux tenants de l'allaitement et de l'instinct maternel.

Dès le milieu des années quatre-vingt-dix, en remettant l'allaitement sur le devant de la scène française [2], on tire à boulets rouges sur le nouveau

---

1. Certains de ces pères se dirent floués lors de leur divorce, quand leurs épouses ne voulurent pas entendre parler de leur laisser la garde de l'enfant, ni de garde alternée quand celle-ci fut instituée en 2002.
2. Dr Marie Thirion, *L'Allaitement de la naissance au sevrage*, 1994, réédité en 1999 et 2004. Dr Edwige Antier, *Attendre mon enfant aujourd'hui*, 1999.

père et on redéfinit son rôle : « Si le courant idéologique en faveur des "nouveaux pères" souligne à
juste titre l'importance de l'implication du père
dans les soins [tribut payé à la modernité !], je tiens
à préciser que la place du père est loin de se réduire
à celle d'une "mère bis". Une telle conception
semble pourtant devenue populaire si j'en crois les
propos de certaines femmes [...]. Le rêve de bébé
n'est pas d'avoir deux mères, mais de se lover entre
les bras de sa mère et de sentir que son père les
entoure tous les deux de sa présence protectrice. Il
faut cesser de vouloir à tout prix convertir les pères
en pères maternants. Cette *tendance actuelle* est tout
à fait *ridicule et dérisoire. Le rôle du père est de protéger la mère, de la valoriser* en tant que mère et en
tant que femme. Il faut que chacun ait sa place.
Pour l'enfant, le meilleur des papas est celui qui
aime et qui protège... maman [1] ! »

Le père est là les premiers mois pour dégager la
mère du travail domestique [Bravo !], pour jouer
avec le bébé, « réintroduire la mère dans sa féminité
[...] offrir un bouquet de fleurs, garder le bébé, le
temps que la jeune mère aille chez le coiffeur, lui

---

1. Edwige Antier, *Éloge des mères, op. cit.*, p. 119. Souligné
par nous.

dire combien il la trouve belle [1]... » Si le père a envie de donner le biberon et de materner un peu son bébé, il faut lui dire que c'est inutile. « Autant être clair : le biberon peut être donné le soir pour apaiser... le papa [2]. »

Cette conception de l'allaitement exclusif les six premiers mois revient tout bonnement à tenir le père à l'écart de la dyade mère-enfant. C'est un gêneur, un « séparateur ». Il n'a pas à s'immiscer dans cette relation fusionnelle. Quant à la mère qui allaite à la demande jour et nuit, elle doit faire preuve d'une « disponibilité absolue [...] Eh bien oui, les premiers mois, la mère est l'esclave de son bébé [3] ». Comme les mêmes recommandent l'allaitement mixte jusqu'à deux ans, la mère idéale n'est pas prête de recouvrer sa liberté ! Cet effacement du père au profit de la mère n'a pas pour seule conséquence de revigorer le modèle du couple patriarcal, il est aussi une justification inespérée – après vingt ans de militantisme féministe – pour tous les pères que leur nouveau-né ne passionne pas ! Le bébé redevenu l'affaire exclusive de la mère, le père retrouve toute bonne conscience pour

1. Edwige Antier, *Vive l'éducation !*, *op. cit.*, p. 44-45.
2. Edwige Antier, *Confidences de parents*, 2002, p. 55.
3. *Ibid.*, 2002, p. 52 et 60.

vaquer à ses affaires. Si l'on ajoute à cela qu'Edwige Antier – comme tous les adeptes de la Leche League – conseille vivement aux mères de rester auprès de leur enfant jusqu'à l'âge de trois ans [1], celles-ci peuvent dire adieu à leurs ambitions professionnelles. Pour peu qu'elles aient un second enfant dans la foulée, alors Maman est rentrée à la maison.

Militants acharnés de l'allaitement, mais plus sensibles que tout autre à la promotion de l'égalité des sexes, les pays scandinaves ont inauguré une politique familiale sans précédent, avec pour objectif d'empêcher que soient pénalisées professionnellement les mères de jeunes enfants. En Suède, dès 1974, le gouvernement d'Olaf Palme remplace le congé de maternité par un congé parental rémunéré à partager entre le père et la mère. Aujourd'hui, il peut s'étaler sur seize mois au total pour un couple, soit 480 jours, dont 390 indemnisés à 80 % du salaire (et deux mois à 90 %) avec un plafond de 2 500 euros mensuels. Le père doit obligatoirement prendre un mois, sinon celui-ci est déduit de la durée totale accordée. En outre, un congé de paternité a été ajouté en 1980. Il donne droit à dix jours supplémentaires payés à 80 % du salaire, mais

1. Edwige Antier, *Éloge des mères, op. cit.*, p. 95.

plafonnés [1]. Cette politique audacieuse pour inté-grer les deux parents à égalité dans l'éducation de leurs enfants n'a pas entrainé de bouleversements : « 75 % des pères utilisent tout ou partie de leurs congés de paternité, mais seuls 17 % ont recours au congé parental [2]. » À y regarder de plus près, il n'est pas sûr que la Suède, érigée en modèle pour le monde entier, soit parvenue ainsi à concilier mater-nité et égalité des sexes, voire à restreindre l'écart des salaires entre hommes et femmes.

LE BÉBÉ AVANT LE COUPLE

Mariée, pacsée ou concubine, la mère doit faire passer son bébé avant le père.

L'allaitement à la demande, jour et nuit, tel qu'il est conseillé, a deux conséquences peu propices à la

1. Le Danemark et la Norvège sont également généreux. Au Danemark, le congé parental est d'un an et le père a un congé spécifique de deux semaines. La Norvège offre le congé de paternité le plus long d'Europe : quatre semaines. Le congé de parentalité est d'un an dont quarante-deux semaines sont remboursées à 100 % du salaire.
2. *Courrier cadres*, n° 28, mars 2009. On note cependant un léger progrès : en 1999, les pères suédois n'avaient été que 11,6 % à prendre un congé parental. *Libération*, 7-8 février 2009, évoque le chiffre de 22 % de pères.

relation de couple. Non seulement le sein maternel appartient au bébé durant des mois, mais le lit de la mère également. La Leche League mène une croisade en faveur du « *cododotage*[1] » [de cododo : dormir avec le bébé], jugé bénéfique pour le bébé. Non seulement « cododo et allaitement maternel vont bien ensemble[2] », mais il serait la source de multiples avantages pour l'enfant. Ses malaises, nous dit-on, sont plus rares quand il dort dans le lit de ses parents : « Il a besoin d'entendre maman bouger, papa ronfler [?] : voilà qui stimule sa vigilance et raccourcit ses pauses respiratoires. Priver votre enfant de la réassurance que lui apporte le *co-sleeping* n'est pas sans conséquence pour sa vie psychique. Laisser pleurer un bébé pour s'endormir, ou lorsqu'il se réveille, est une attitude extrêmement cruelle, au moins *jusqu'à 4 ans*[3]. »

Outre les bénéfices psychologiques, le cododo serait la meilleure prévention contre certains risques : « Plus de sommeil léger, plus de réveils simultanés mère/enfant, augmentation du nombre

1. Traduction de l'anglais *co-sleeping*.
2. Claude-Suzanne Didierjean-Jouveau, *Partager le sommeil de son enfant*, 2005, p. 49.
3. *Ibid.*, préface d'Edwige Antier, p. 8 et 9. Souligné par nous.

et de la durée des tétées nocturnes, beaucoup plus de contacts physiques mère/enfant, quatre fois plus d'inspections maternelles – toutes les fois où la mère, sans même s'en rendre compte ni se réveiller, vérifie que l'enfant va bien, n'a pas froid ou chaud, remet une couverture ou l'enlève, etc. [1]. » D'ailleurs on cite une étude néo-zélandaise de 1996 qui aurait montré un risque réduit de MSN (mort subite du nourrisson) pour les bébés dormant dans la chambre des parents au moins jusqu'à 6 mois : ainsi on éviterait un quart de morts subites. Mais dormir dans la chambre n'est pas dormir dans le lit des parents, pratique qui, selon un article publié dans *Lancet* en 2004, augmenterait au contraire le risque de MSN... Conclusion contestée par les tenants du cododo [2].

Si l'on comprend fort bien l'avantage du *co-sleeping* pour la mère qui n'a pas à se lever plusieurs fois par nuit pour allaiter et peut le faire tout en restant à moitié endormie, la question reste posée pour l'enfant de trois ou quatre ans. Pédopsychiatres et psychanalystes sont partagés. Les uns rappellent que c'est une pratique courante dans de

1. *Ibid.*, p. 46-47.
2. *Ibid.*, p. 47-48.

nombreuses civilisations, qui n'a aucune conséquence pathologique. Marcel Rufo, fort hostile, s'y
est finalement rallié à condition que ce soit une
solution temporaire pour calmer l'anxiété du bébé.
D'autres sont farouchement contre. Ainsi, Claude
Halmos pense que c'est moins du corps à corps
fusionnel avec sa mère dont le bébé a besoin que
de sa tendresse et de ses mots. Les deux se
rejoignent pour souligner le danger de cette pratique pour le couple. Rufo redoute qu'elle pousse le
père hors du lit conjugal pour l'exiler au salon et
Claude Halmos fait remarquer que l'enfant qui dort
collé à sa mère « est placé d'emblée dans un système
où l'existence de ses parents comme couple, séparé
de lui, n'est pas posée. Il n'est donc pas à sa
place [1] ».

Ces réticences freudiennes n'émeuvent pas le
moins du monde les partisans du cododo. Aux dires
d'Edwige Antier, « beaucoup de pères ne sont pas
contrariés que bébé dorme dans le grand lit. Quant
au désir sexuel, il est en effet souvent plus lent à
revenir chez la mère, toute investie par son rôle
auprès de l'enfant. Mais il reviendra d'autant mieux

---

1. *Elle*, 6 juin 2005, interviews de Marcel Rufo et Claude
Halmos sur le *co-sleeping*.

qu'elle se sentira comprise par son mari, qui l'aidera à se rassurer sur sa compétence maternelle, qu'il la réconfortera sur son pouvoir de séduction, l'aidera à retrouver sa ligne, lui offrira des fleurs… et continuera de la prendre dans ses bras, bébé inclus pour dormir ». Et de conclure : « C'est une période difficile mais courte dans la vie. Cependant, lorsque les pères savent que plus leur bébé tète à la demande, plus il sera éveillé, cette information leur donne un courage formidable pour patienter [1]. »

Patienter : combien de temps ? Chacun sait que la venue d'un enfant cause une révolution dans le corps de la femme, qui l'éloigne de la sexualité. Pour des raisons physiologiques et psychologiques. Les premières s'effacent avec le temps, les secondes parfois plus difficilement. L'enfant opère aussi un véritable bouleversement dans la vie du couple. Rien n'est plus antithétique en effet au couple d'amoureux que celui de parents. Même si l'on ne dort pas avec son enfant, il n'est pas facile de passer d'un rôle à l'autre. Si la mère allaite durant des mois, voire des années, que reste-t-il pour l'intimité du couple et sa sexualité ? D'autant qu'il n'est pas toujours facile de distinguer le sein nourricier de

1. *Confidences de parents, op. cit.*, p. 51, 52-53.

l'objet sexuel. La mère qui allaite éprouve du plaisir, mais elle n'est plus nécessairement objet de désir pour le père qui la regarde. Et l'on connaît nombre de jeunes mères qui avouent ingénument que le couple qu'elles forment avec leur petit leur suffit, qu'elles n'ont aucune envie de retrouver une vie sexuelle. La mère efface alors l'amoureuse et met le couple en danger.

Éliette Abécassis évoque ce thème à plusieurs reprises dans son roman. Notamment lors d'une réunion de groupe à la Leche League : « Mon bébé dort avec moi. D'ailleurs, j'ai même demandé à mon compagnon de dormir dans le salon parce qu'il n'y a pas assez de place pour nous trois.

– À la bonne heure ! [répondent le chœur des leagueuses.] À présent, veux-tu faire part de ton expérience ?

– Mon expérience… Depuis que j'ai un bébé, je n'ai plus de vie couple, je ne dors plus, je ne me lave plus les cheveux, je ne lis plus, je ne vois plus d'amis. Je suis devenue mère, soit. Mais je ne savais pas qu'une mère n'était qu'une mère. J'ignorais qu'il fallait abdiquer tous les autres rôles, qu'il fallait renoncer à la sexualité, à la séduction, au travail, au sport, à son corps, à son esprit. J'ignorais qu'il fallait renoncer à la vie […].

Tous les regards convergèrent vers moi comme si j'étais une meurtrière, ou pire une mère indigne [1]. »

L'héroïne retourne plusieurs fois à la Leche League et devient la bonne mère allaitante qui organise sa vie autour de l'allaitement :

« Celui-ci me procurait une telle satisfaction, un plaisir de donner si intense, si fusionnel, si complet, que je n'avais besoin de rien d'autre. Je n'avais plus besoin de faire l'amour avec mon compagnon [...]. Je vivais des moments de grâce où mon désir et le désir de l'enfant coïncidaient, et je me retrouvais à lui donner le sein car j'en avais envie, à le lui donner comme on fait l'amour, et à me retrouvée unifiée, comme avant, comme il y a très long-temps [2]... »

Le couple de ce roman ne s'en remettra pas puisqu'il se sépare. Cette expérience extrême n'a pas valeur de loi, loin s'en faut. D'aucuns diront que ce couple romanesque était bien peu solide pour n'avoir pas su renouer les liens du désir. Mais il ne suffit pas de demander au père de patienter, il faut encore que la mère ne se soit pas laissée dévorer par son enfant au point d'avoir annihilé ses désirs de

1. *Un heureux événement, op. cit.*, p. 78-79.
2. *Ibid.*, p. 79-80.

femme. Or de cela, il n'est jamais question chez les partisans de la maternité radicale. Seule la mère existe parce que seul l'enfant est essentiel. La fragilité du couple, l'importance de la sexualité qui le cimente aujourd'hui sont passées sous silence [1]. Il y a là comme un petit parfum des siècles passés, quand le couple n'était pas fondé sur l'amour et quand on ne se séparait pas, quoiqu'il arrive ! Autant dire un idéal de vie familiale en complète contradiction avec les aspirations d'une majorité d'hommes et de femmes au XXIe siècle.

L'ENFANT AVANT LA FEMME

Les années soixante-dix furent marquées du cri revendicatif des femmes : « Moi d'abord [2] ! » Il s'adressait en priorité aux hommes, mais aussi à leurs enfants. Encouragées à s'exprimer sur le grand tabou de l'ambivalence, et même sur l'aliénation

1. Selon une étude de psychologues de l'université de Denver (États-Unis) portant sur 218 ménages, 90 % des jeunes parents ont constaté une dégradation des relations avec leur conjoint après la naissance de leur premier bébé. Voir *L'Express*, 30 avril 2009.
2. Titre du livre de Katherine Pancol, publié en 1979.

maternelle, les mères livrèrent nombre de témoignages en ce sens [1]. Ouvrages et prises de paroles déferlèrent pour dire publiquement ce que l'on confie aujourd'hui dans le cabinet du psychologue [2]. Même si ces revendicatrices ne constituaient qu'une minorité, elles désacralisaient la maternité, redonnaient vie aux désirs féminins et déculpabilisaient toutes celles, silencieuses, qui ne s'y retrouvaient pas.

Quarante ans plus tard, l'idéologie naturalo-maternaliste ne permet plus ces débordements, d'autant que l'enfant n'est plus le fruit du hasard ou un « accident », mais le résultat d'un choix librement consenti. L'enfant épanoui dont chacun rêve appelle une mère disponible, qui organise sa vie en fonction de lui. Le « Moi d'abord » de la génération des mères a peu à peu laissé place à « L'enfant d'abord » proclamé par leurs filles.

Du lait au temps

Prôner l'allaitement à la demande aussi longtemps que l'enfant le désire revient tout simplement

---

1. *L'Amour en plus, op. cit.*, p. 335-360. Voir aussi *Maternité esclave*, 10/18, 1975.
2. Lyliane Nemet-Pier, *Mon enfant me dévore*, 2003.

à priver la femme de son temps à elle. Quand on ajoute à cela que sa présence auprès de lui jusqu'à trois ans est la meilleure garantie de son développement, on lui signifie que tous ses autres intérêts sont secondaires et moralement inférieurs. L'idéal étant de faire succéder le tête-à-tête au corps-à-corps. Si ce modèle est inaccessible à nombre de femmes qui ne peuvent se payer le luxe de rester à la maison, et indésirable pour nombre d'autres, il a néanmoins marqué des points. Dans les esprits et dans les pratiques.

Le tournant idéologique fut perceptible avec la génération des femmes qui eurent vingt ans en 1990. Filles de mères féministes, militantes ou non, elles ont procédé au règlement de compte classique des filles à l'égard des mères. Après les remerciements d'usage pour la contraception et l'avortement, c'est un constat d'échec qui est établi. Échec des mères que les filles ne veulent pas imiter et que l'on peut résumer ainsi : vous avez tout sacrifié pour votre indépendance et au lieu de cela, vous assumez la double journée de travail, vous êtes sous-estimées professionnellement et au bout du compte vous êtes perdantes sur tous les fronts. Au-delà de cette critique, c'est l'étiquette « féministe » qui fut rejetée, comme si elle donnait une image détestable des femmes. La nouvelle génération reprit à son compte les stéréotypes machistes les plus éculés, qui associent les féministes à l'hystérie, l'agressivité, la virilité et la haine des hommes. Le jugement fut sans appel : ringard. Mais sous le rejet du féminisme se cachait une autre critique plus intime à l'égard des mères : celle de leur conception de la maternité. Peut-être faut-il entendre : tu as tout sacrifié à ton indépendance, y compris moi-même. Tu ne m'as pas donné assez d'amour, assez de soin, assez de *temps*. Toujours pressée, souvent fatiguée, tu as cru que la *qualité* du temps que tu me consacrais valait mieux que la *quantité*. En vérité, je n'étais pas la priorité de tes priorités et tu n'as pas été une bonne mère. Je ne referai pas cela avec mes enfants.

Injuste ou non, la condamnation des mères par les filles est une constante que connaît bien la psychanalyse : pas assez de lait, pas assez de temps… Mais pour la première fois, les mères critiquées étaient celles qui s'étaient battues pour l'indépendance des femmes ! Peu à peu, devenues mères à leur tour, les filles parlèrent moins de leur liberté, de leurs ambitions personnelles et même d'égalité des salaires. La priorité accordée à l'enfant commandait que l'on mette ces revendications en sourdine. En revanche, on entendit de plus en plus évoquer la nécessité de « négocier », « concilier » le temps de travail et celui de la maternité. Ce tournant opéré en période de crise économique fut accéléré par le chômage de masse que connaissaient tous les pays occidentaux. L'allocation parentale d'éducation (APE) étendue en 1994 [1] suscita un retrait massif des mères de jeunes enfants, notamment parmi les moins qualifiées. À l'autre bout de l'échelle sociale, on vit des femmes particulièrement bien formées, notamment dans les professions libérales, rentrer à la maison quand elles devenaient mères. En 2003, Le *New York Times* [2] déclare qu'on assiste à une « *opt-out Revolution* » selon laquelle les professionnelles de haut niveau choisiraient de plus en plus de quitter leur travail pour rester auprès de leurs enfants [3]. Le plus souvent celles dont le compagnon est à même de subvenir confortablement aux

1. L'APE rémunérait le parent qui cessait de travailler pour s'occuper de l'enfant jusqu'à trois ans à la hauteur d'un demi-SMIC. Dans 98 % des cas le parent était la mère.
2. Liza Belkin, « The Opt-Out Revolution », *New York Times Magazine*, 26 octobre 2003. Voir aussi *Elle*, 20 octobre 2008 : « Quand la *superwoman* rentre à la maison ».
3. 22 % des mères diplômées de l'université ; 33 % de celles ayant un MBA travaillaient à mi-temps et 26 % approchant du *top managment* ne voulaient pas êtres promues. L'article signalait aussi que 57 % des mères diplômées de Stanford en 1981 restaient à la maison au moins un an.

besoins de la famille. Car pour les mères célibataires ou divorcées, il n'y a guère de choix.

Il est trop tôt pour savoir si ces nouveaux comportements sont une véritable révolution. Pour l'heure, les statistiques du travail féminin ne sont guère bouleversées. En revanche l'idée que les femmes peuvent simultanément être une bonne mère et poursuivre une belle carrière est battue en brèche. Aujourd'hui, il est de bon ton de dire qu'on privilégie ses enfants et le temps allongé de la maternité. Le résultat est là : on assiste à une montée en puissance du travail féminin à temps partiel. À côté de toutes celles qui le subissent, contraintes par leurs employeurs, de plus en plus de mères, moins défavorisées, le choisissent pour répondre aux critères de la bonne mère. Avec pour conséquence la stagnation de l'écart des salaires entre hommes et femmes, voire une légère augmentation.

Retour au modèle suédois

Nul doute que la Suède a fait des efforts considérables pour résoudre la quadrature du cercle : concilier maternité et carrière, créer les conditions de l'égalité professionnelle entre les sexes. Outre les congés parentaux qui absorbent 40 % des dépenses de sa politique familiale, la flexibilité du temps de travail pour les deux parents d'enfants de moins de huit ans [1], des congés pour soins à un enfant malade, la Suède offre des places de crèches qui prennent le relais des parents après leurs congés [2]. En un mot, le modèle suédois est l'avant-garde des politiques familiales européennes.

Pour quels résultats ?

On sait que les pères sont à la traîne pour prendre leurs congés parentaux (moins d'un cinquième), mais qu'ils progressent lentement. Du côté des mères : elles sont 60 % à reprendre leur emploi après leurs congés, mais trois sur cinq optent alors pour le temps partiel [3]. Pourtant il faut attendre la publication en 1996 du livre de Catherine Hakim, *Key Issues in Women Work* [4], pour y voir un peu plus clair. Ce professeur de sociologie, spécialiste du

---

1. Ils peuvent diminuer leur temps de travail de deux heures chaque jour (le salaire est alors payé au prorata).
2. Les enfants allaités ne vont pas à la crèche avant un an.
3. *Courrier cadres*, mars 2009, n° 28. Hélène Périvier, « Emploi des mères et garde des jeunes enfants en Europe », Revue de l'OFCE, juillet 2004. Elle fait remarquer que si les mères suédoises restent actives (avec long congé de maternité), elles réduisent leur temps de travail d'en moyenne (sur le cycle de vie) dix-sept heures par semaine.
4. Glasshouse, London, réédité en 2004.

travail féminin en Europe, lance alors un pavé dans la mare de nos illusions. Elle y démontre que la politique familiale suédoise n'est pas aussi propice à l'égalité des sexes qu'on le croit. Favorable à la natalité, elle l'est infiniment moins à la carrière des femmes. En examinant tous les critères habituels qui mesurent l'égalité professionnelle, on s'aperçoit que la Suède ne faisait guère mieux que l'Angleterre ou la France.

D'abord en regardant les statistiques salariales, on constate qu'il y a un seuil au-dessous duquel 80 % des femmes sont payées et au dessus duquel 80 % des hommes le sont. La raison principale en est que 75 % des Suédoises travaillent dans le secteur public, le moins qualifié du marché de l'emploi, alors que 75 % des Suédois sont dans le secteur privé, plus difficile et exigeant. Selon Catherine Hakim, plus l'État a étendu sa politique familiale, moins les compagnies privées ont été enclines à embaucher des femmes, ne pouvant, disent-elles, payer le prix des généreux congés maternels. Ensuite le plafond de verre n'est pas moins cruel aux Suédoises qu'à toutes les autres : elles ne formaient que 10 % des cadres dirigeants, alors qu'elles étaient déjà 11 % aux États-Unis. Enfin, si l'on considère l'écart des salaires, critère ultime de l'égalité des sexes, on s'aperçoit que les Suédoises au total étaient payées au début des années deux mille à peu près 20 % de moins que les Suédois, comme en France ou en Angleterre [1]. Catherine Hakim, qui ne croit pas aux vertus égalitaires des longs congés parentaux, souligne que dans des pays où la politique familiale est moins généreuse, l'écart des salaires peut-être inférieur. Elle cite l'Italie où il n'est que de 15 %, l'Espagne de 12 %, la Belgique et le Portugal de 8 %. Elle omet de préciser que dans les trois pays méditerranéens la natalité a dramatiquement chuté...

À ce jour, aucune politique familiale ne s'est révélée vraiment efficace au regard de l'égalité entre hommes et femmes. La division du travail entre conjoints est toujours inégalitaire dans tous les pays, y compris scandinaves. Les responsabilités de plus en plus lourdes que l'on fait peser sur les mères ne

---

1. Les statistiques concernant l'écart des salaires en Suède sont rares. L'Observatoire des inégalités a néanmoins publié (à partir des données 2005 d'Eurostat) un tableau des salaires annuels dans l'industrie et les services (hors administration publique) pour les temps pleins d'où il ressort que l'écart des salaires entre Suédois et Suédoises était de 23,1 %, alors qu'il n'était que de 15,5 % pour les Belges, 21 % pour les Polonais et 21,6 % pour les Français. Voir *Les Inégalités de salaire hommes-femmes en Europe*, 30 janvier 2008.

font qu'aggraver la situation. Seul le partage des rôles parentaux dès la naissance du bébé pourrait mettre un frein à cette tendance. Or c'est le chemin inverse que nous prenons au nom du bien-être de l'enfant. Les plus machistes des hommes peuvent se réjouir : la fin de leur domination n'est pas pour demain. Ils ont gagné leur guerre souterraine sans prendre les armes, sans même dire un mot. Les tenants du maternalisme s'en sont chargés.

TROISIÈME PARTIE

À TROP CHARGER LA BARQUE...

Chaque culture est dominée par un modèle maternel idéal qui peut varier selon les époques. Qu'elles en soient conscientes ou non, il pèse sur toutes les femmes. On peut l'accepter ou le contourner, le négocier ou le rejeter, mais c'est toujours par rapport à lui qu'on se détermine en dernière instance.

Aujourd'hui le modèle est plus exigeant que jamais. Davantage encore qu'il y a vingt ans où l'on remarquait déjà l'extension des devoirs maternels : « Ils ne se réduisent plus seulement aux soins corporels et affectifs, ils impliquent aussi une attention scrupuleuse au développement psychologique, social et intellectuel de l'enfant. La maternité, plus que dans le passé, représente un travail à plein temps.

On attend aujourd'hui des mères qu'elles consacrent autant de "soins" à deux enfants que jadis à six [1]. » Comme par ailleurs, l'idéal féminin ne recouvre pas le modèle maternel et que l'épanouissement personnel est la motivation dominante de notre temps, les femmes se retrouvent au cœur d'une triple contradiction.

La première est sociale. Alors que les partisans de la famille traditionnelle blâment les mères qui travaillent, l'entreprise leur reproche leurs maternités répétées. Pis encore, la maternité est toujours considérée comme la plus importante réalisation de la femme, tout en étant dévaluée socialement. Les mères à plein temps sont sous-payées, privées d'identité, parce que sans compétences professionnelles, et sommées de répondre à la question : « Que faites-vous de vos journées ? » Dans une

1. Michelle Stanworth (éd.), *Reproductive Technologies : Gender, Motherhood and Medecine*, 1987, p. 14.
Carolyn M. Morell fait également observer que la condition des mères a encore empiré. Avec les changements intervenus dans la vie professionnelle et les structures familiales, les responsabilités des femmes en termes de soins dus aux enfants sont définies de façon plus exigeante que par le passé. Les responsabilités maternelles ne cessent de s'étendre et de s'alourdir. Voir *Unwomanly Conduct. The Challenges of Intentional Childlessness*, 1994, p. 65.

société où la majorité travaille, où la femme idéale réussit professionnellement, celle qui reste à la maison ou fait de ses enfants sa priorité risque d'être cataloguée « sans intérêt ».

La seconde contradiction concerne le couple. On l'a vu, l'enfant n'est pas propice à la vie amoureuse. La fatigue, le manque de sommeil et d'intimité, les contraintes et les sacrifices qui imposent la présence d'un enfant peuvent avoir raison du couple. Les séparations dans les trois ans qui suivent une naissance sont bien connues. Même si nombre de jeunes mères aujourd'hui confient volontiers n'avoir découvert qu'après coup la difficulté de leur rôle [1] (« Personne ne m'avait prévenue », disent-elles), d'autres, de plus en plus nombreuses, y regardent à deux fois avant de se lancer dans l'aventure.

Mais la contradiction la plus douloureuse réside au sein de chaque femme qui ne se confond pas avec la mère. Toutes celles qui se sentent écartelées entre leur amour pour l'enfant et leurs désirs personnels. Entre l'individu égoïste et celle qui veut le bien-être de son petit. L'enfant conçu comme une source d'épanouissement peut donc se révéler un

1. Voir les romans ou essais de Marie Darrieussecq, de Nathalie Azoulai, d'Éliette Abécassis, et de Pascale Kramer.

obstacle à celui-ci [1]. Il est certain qu'à trop charger la barque des devoirs maternels, on rend la contradiction plus aiguë encore.

Aujourd'hui, ces contradictions sont rarement prises en compte. Non seulement l'idéologie naturaliste n'y apporte aucune réponse, mais elle les rend chaque jour plus insoutenables en exigeant des mères toujours plus. Certes, tous les pays ne sont pas logés à la même enseigne, car l'histoire et les traditions pèsent lourd. Selon qu'ils identifient plus ou moins fortement la femme et la bonne mère, deux tendances se font jour. Là où l'analogie est le modèle dominant, celles qui ne s'y retrouvent pas sont de plus en plus enclines à tourner le dos à la maternité. Là où l'on fait le distinguo entre la femme et la mère, où l'on reconnaît la légitimité des multiples rôles féminins, où la maternité est la moins lourde, on donne envie aux femmes d'être mères, quitte à tourner le dos au modèle idéal.

---

1. Comme l'a finement observé Lyliane Nemet-Pier, l'enfant est devenu un être très précieux, mais qui ne doit pas déranger. *Op. cit.*, p. 12.

CHAPITRE V

LA DIVERSITÉ
DES ASPIRATIONS FÉMININES

De nos jours, les femmes sont confrontées à de nouvelles questions : dans quelle activité vais-je le mieux m'épanouir ? La maternité est-elle l'acte le plus enrichissant pour moi ? Ne m'accomplirais-je pas davantage dans une carrière professionnelle ? Dans le cas où l'on ne veut sacrifier ni l'une ni l'autre, laquelle va avoir ma priorité ? Pour la plupart, une vie sans enfant est impensable mais elles ne sont pas prêtes pour autant à sacrifier leur indépendance financière, leur vie sociale et un certain mode d'affirmation de soi. Depuis trente ans l'enfant est programmé de plus en plus tardivement. L'âge moyen du premier enfant tourne autour de trente ans, après avoir fait des études, acquis une formation, trouvé un travail et un compagnon stable. Autant de préalables qui remettent l'enfant à plus tard... ou à jamais. Dans certains cas, la question de l'enfant, comme le dit Pascale Donati, n'est pas rejetée, mais « inactivée [1] ». Dans d'autres, plus rares, l'enfant n'a aucune place dans la vie féminine.

LA FEMME MÈRE

La vocation maternelle

C'est à propos de ces femmes qui trouvent leur plein épanouissement dans la maternité que l'on a coutume de parler d'instinct. Elles-mêmes le vivent ainsi, comme en témoigne Pascale Pontoreau : « Très vite, j'ai voulu avoir des enfants. Plein d'enfants. Mes copines se moquaient gentiment dès que j'évoquais l'appel bruyant de mon instinct maternel [...]. J'ai très vite senti que le désir d'enfants était une chimère, une émotion parfaitement irrationnelle cachée quelque part et qu'il était bien difficile de se l'expliquer [...]. La lucidité a été mise de côté pour laisser place à la grossesse, puis à

1. Pascale Donati, « Ne pas avoir d'enfant... », *Dossier d'études*, n° 11, Allocations familiales, 2000, p. 22.

l'enchantement à l'arrivée d'une adorable petite fille [...]. Seul importe le désir profond et puissant presque intransigeant, qui m'a conduite au terme de cette première grossesse. C'était unilatéral, irrévocable, viscéral [...]. J'ai réalisé que ce premier désir de maternité n'avait pas été le fruit d'une réflexion. Il s'était réalisé d'instinct [1]. »

Pour celles dotées de cette vocation, la plénitude ne s'arrête pas au tête-à-tête avec le nourrisson. L'enfant est l'œuvre d'une vie parce qu'il est une création exaltante avec laquelle aucune autre ne peut rivaliser. Veiller sur lui depuis sa naissance, l'aider à se développer étape par étape pour avoir la joie et la fierté de voir un jour un adulte épanoui n'est pas une piètre ambition. Au contraire. Mais la condition du succès – jamais garanti – est que la mère y trouve son plaisir et l'enfant aussi. C'est elle qui abandonne son travail sans hésiter pour devenir la mère « exclusive [2] » ou « intensive [3] » recommandée par les Brazelton ou les Antier. Les besoins de l'enfant sont au centre de sa vie, elle l'investit

---

1. Pascale Pontoreau, *Des enfants, en avoir ou pas*, *op. cit.*, p. 8-9.
2. Linda Blum, *op. cit.*, p. 6.
3. Sharon Hays, *The Cultural Contradictions of Motherhood*, 1996, p. 6-9.

profondément du point de vue affectif et émotionnel ; enfin, elle lui consacre son temps et son énergie avec bonheur.

Ces mères-là existent, mais il n'est pas sûr qu'elles
soient légions. Combien de femmes rentrées à la
maison pour élever un enfant s'aperçoivent qu'elles se
sont trompées ? Combien ont quitté un travail
monotone pour une tâche qu'elles croyaient exaltante et qui se révèle déprimante ? Certaines confient
dans l'intimité qu'elles éprouvent un sentiment de
vide ou d'aliénation. Mais comment le savoir avant
de l'expérimenter ? Et comment dire publiquement
que l'on a fait le mauvais choix ? À l'inverse comment
jamais guérir du malheur d'être stérile quand on
porte en soi cette vocation maternelle ?

La « nullipare [1] »

Subie ou choisie, la « nulliparité », qui identifie
la femme à la mère, renvoie au manque et à
l'inachevé. Certaines la revendiquent, d'autres ne
s'en remettent pas. Pour ces dernières, la nullipare
est amputée de son essence et de sa place dans le
monde. Personne ne l'a mieux exprimé que Jane

1. « Celle qui n'a jamais accouché ». C'est le titre du roman
de Jane Sautière, Verticales, 2008.

Sautière : « Nullipare. Bien-sûr, j'entends d'abord "nulle". Mais il y a aussi "pare", "part". Une femme nullipart, non partagée dans (entre ?) ses enfants, restée indivise. Une femme de nulle part, irrecevable quant à la question des origines (ce sont bien les origines que la descendance questionne, comment l'ignorer ?), vacuité des lieux et viduité de la promeneuse.

Nullipare.

Territoire et être.

Sol et sang [1]. »

La nullipare mélancolique n'est pas nécessairement stérile. Les aléas, le jeu des circonstances, les occasions perdues peuvent en avoir décidé ainsi. Certains [2] mettent en doute cet aspect involontaire de l'infécondité et préfèrent en appeler aux facteurs sociaux et économiques. Si cette explication peut paraître un peu courte, elle a le mérite d'interroger la part d'ombre de cette non-réalisation. Les psychologues auront d'autres interprétations à suggérer que la sociologue, mais au bout du compte les multiples raisons invoquées ne signifient-elles pas que l'enfant n'est pas la priorité des priorités et que la

1. *Ibid.*, p. 13.
2. Catherine Hakim, *Work-Lifestyle, op. cit.*, p. 51-52.

femme ne s'identifie pas aussi complètement à la mère qu'elle veut le croire ?

Tout autre est le cas des femmes (des couples) stériles qui ne peuvent faire leur deuil de leur état. Parmi elles, combien d'authentiques vocations maternelles ? Ces nullipares, non par défaut mais par incapacité physiologique ou physique, sont trop souvent – comme celles qui ne *veulent pas d'enfant* – la cible des censeurs. Celles qui font tout pour avoir un enfant et celles qui le refusent sont également suspectes. On intime l'ordre aux premières de faire de nécessité vertu, on regarde les secondes comme des égoïstes ou des handicapées qui n'ont pas accompli leur devoir de féminité. Dans les deux cas, elles encourent la désapprobation publique. Seul le psychanalyste pourrait les ramener à la raison… Ce qui signifie pour l'une accepter son sort « anormal », et pour l'autre se plier à la norme. Qu'importe que la femme stérile puisse faire une mère exceptionnelle et la seconde une mère exécrable, la société n'aime pas à entrer dans ces subtilités.

DU REFUS AU PERPÉTUEL REPORT

Contrairement à la nullipare qui identifie féminité et maternité, des femmes – de plus en plus nombreuses depuis vingt ans – se désengagent de la maternité. Le phénomène n'est pas nouveau, mais il est vécu bien différemment aujourd'hui. Il y a cent ans, un plus grand nombre de femmes n'avaient pas d'enfant [1] pour cause de non-mariage ou de stérilité. Les religieuses, les servantes, les trop pauvres pour se marier, etc. formaient le bataillon des non-mères, un sort souvent plus subi que choisi. Ce qui nous distingue des siècles précédents, c'est moins nos plus grandes libertés d'être mère ou non qu'une approche différente du destin féminin. Celui-ci se confond de moins en moins avec la maternité car d'autres voies sont possibles et souhaitées. Les unes le savent depuis le début, d'autres le réalisent en cours de vie, d'autres enfin se sentiront incapables d'expliquer leur non-choix.

---

1. Isabelle Robert-Bobée, « Ne pas avoir eu d'enfant… », *France, portrait social*, édition 2006, p. 184 : « Plus de 20 % des femmes nées en 1900 n'ont pas eu d'enfant, contre 18 % des femmes nées en 1925 et 10 à 11 % pour les générations nées entre 1935 et 1960. »

Le refus d'enfant

En France, près d'un tiers des femmes qui n'ont pas eu d'enfant disent qu'elles ont fait un choix délibéré [1]. C'est une petite minorité que les Anglo-américains appellent « *early articulators* ». À côté de ceux et celles qui avouent simplement ne pas aimer les enfants – sentiment indicible il y a encore peu –, on peut distinguer entre ceux qui invoquent le bien de l'enfant et ceux qui mettent en avant leur bien-être personnel.

Michel Onfray, fervent tenant de l'idéal célibataire, appartient à la première catégorie. Sa conclusion découle d'une morale « hédoniste » : « Les enfants, jamais à l'origine demandeurs de l'être plutôt que du rien, peuvent légitimement exiger de leurs géniteurs une assistance matérielle, certes, mais aussi psychologique, éthique, intellectuelle, culturelle et spirituelle pendant au moins les deux premières décennies de leur existence. Puisque la paternité et la maternité ne sont pas des obligations éthiques, mais des possibilités métaphysiques, le désir de mettre au monde doit impérativement se

1. Pascale Donati, « La non-procréation : un écart à la norme », *Informations sociales*, CNAF, n°11, 2003, p. 45. Elles représentent 2 à 3 % des femmes.

soutenir par une capacité et une volonté délibérées de rendre leur existence la plus digne possible [1]. » À ceux qui fustigent l'égoïsme des non-reproducteurs, il répond qu'il l'est peut-être moins que celui des parents : « Les stériles volontaires aiment tout autant les enfants, voire plus, que les reproducteurs prolifiques. Quand on lui demande pour quelles raisons Thalès de Millet s'abstient d'une descendance, il répond : "Justement par amour des enfants" […]. Qui trouve le réel assez désirable pour initier son fils ou sa fille à l'inéluctabilité de la mort, à la fausseté des relations entre les hommes, à l'intérêt qui mène le monde, à l'obligation du travail salarié, presque toujours pénible et forcé, sinon à la précarité et au chômage ? Quel parent assez naïf, niais et demeuré, peut aimer à ce point la misère, la maladie, le dénuement, l'indigence, la vieillesse, le malheur qu'il les offre à sa descendance ? […]. Il faudrait appeler *amour* cet art de transmettre pareilles vilenies à la chair de sa chair [2] ? »

Plus pragmatiques et individualistes, les nombreuses anglophones qui se sont exprimées sur ce sujet en appellent volontiers à leur épanouissement

1. *Théorie du corps amoureux*, 2000 ; LGF, 2007, p. 218.
2. *Ibid.*, p. 219-220.

personnel. Elles mettent en avant le choix d'un style de vie. À leurs yeux, la maternité est associée à un fardeau et à une perte. Perte de leur liberté de mouvement, de leur énergie, de leur argent, de leur plaisir, de leur intimité et même de leur identité. L'enfant est synonyme de sacrifices, d'obligations frustrantes, voire repoussantes, et peut-être de menace pour la stabilité et le bonheur du couple[1]. Ces femmes avortent si elles tombent enceintes et peuvent demander à être stérilisées[2]. Elles se sont appelées les « *childfree* », libérées d'enfant et donc de la maternité.

Celles qui remettent à plus tard

La plupart des jeunes femmes disent volontiers qu'elles espèrent devenir mères[3], mais la maternité

1. Rosemary Gillespie, « Childfree and Feminine. Understanding the Gender Identity of Voluntarily Childless Women », *Gender & Society*, vol. 17, n° 17, février 2003, p. 122-136.
2. Annily Campbell, *Childfree and Sterilized*, London, 1999.
3. Voir les travaux des sociologues Jean E. Veevers (Canada) et Elaine Campbell (Grande-Bretagne) et de la psychologue Mardy S. Ireland (États-Unis) qui ont interrogé des centaines de femmes sans enfant. En France l'intérêt pour ces questions est beaucoup plus récent : voir les travaux de Pascale Donati, Isabelle Robert-Bobée et Magali Mazuy.

n'est pas leur préoccupation immédiate. Elles ont le sentiment qu'elles ont tout le temps devant elles et des objectifs prioritaires à satisfaire : gagner sa vie, avoir un appartement, peut-être faire carrière, trouver le partenaire idéal, et profiter avec lui d'une liberté agréable. Une fois en couple, la décision d'avoir un enfant appartient aux deux qui doivent être « prêts » ensemble [1]. Qu'un de ces réquisits ne soit pas satisfait et l'on remet à plus tard... Comme le dit Pascale Donati, « l'existence du désir d'enfant n'implique pas toujours que les conditions de la décision de son arrivée soient réunies [2] ». Or le problème du constant report est l'horloge biologique féminine. Si une femme garde 75 % de chances d'avoir un enfant avant la fin de la trentaine, il ne lui en reste plus qu'une sur trois au début de la quarantaine.

Jean E. Veevers, la première à travailler sur ces couples qu'on appelle les « *postponers* [3] », a identifié

1. Magali Mazuy, *Être prêt(e), être prêts ensemble ? Entrée en parentalité des hommes et des femmes en France*. Thèse de doctorat en démographie soutenue en septembre 2006. Université Paris I Panthéon-Sorbonne.
2. « Ne pas avoir d'enfant. Construction sociale des choix et des contraintes à travers les trajectoires d'hommes et de femmes », *Dossier d'études*, n°11, Allocations familiales, CNAF, août 2000, p. 37.
3. Le terme est de Mardy S. Ireland, *Reconceiving Women*, 1993. On peut le traduire par : « ceux qui remettent à plus tard ».

quatre étapes dans l'évolution du désir au non-désir d'enfant. La première, déjà évoquée, est la réalisation de certains buts prioritaires. La seconde est un report à un moment indéterminé. Le couple est de plus en plus vague sur la question et dit qu'il aura un enfant quand il se sentira « plus prêt ». La troisième étape est la prise de conscience, pour la première fois, de la possibilité de ne pas avoir d'enfant et le début des discussions sur les avantages et les inconvénients de ce choix. Enfin la décision est prise de rester sans enfant[1], pour ne pas perturber une vie de couple agréable. J. Veevers précise que dans la plupart des cas la décision n'est pas prise de façon explicite. On reconnaît le processus mené après coup.

Le cas de ces femmes qui vivent une vie de couple épanouie ne concerne qu'une partie des *postponers*. Bien d'autres n'ont jamais été en mesure de prendre une décision et se retrouvent ménopausées et sans enfant presque « par hasard[2] ». En fait, il

1. J. E. Veevers, « Factors in the Incidence of Childlessness in Canada : An Analysis of Census Date », *Social Biology*, 1972, 19, p. 266-274. Voir aussi *Childless by Choice*, 1980.
2. Leslie Lafayette, *Why Don't You Have Kids ?*, 1995. Elinor Burkett, *The Baby Boon*, 2000. J. Maher et L. Saugères, « I forgot to have children », *Journal of the Association for Research on Mothering*, 2004, 6, p. 116-126.

existe une grande hétérogénéité des expériences de femmes non stériles et sans enfant : celles « ni désireuses ni refusantes » pour lesquelles « la question de l'enfant a pu d'abord passer au second plan, puis s'effacer progressivement ou refaire surface de temps à autre sans jamais s'ancrer dans un projet [1] » ; celles qui auraient bien voulu être mères mais n'ont pas rencontré l'homme adéquat, ou l'ont rencontré trop tard, ou ont rompu une union trop tôt ; celles enfin qui se pensent victimes des circonstances de la vie, qui les ont empêchées de concrétiser leur désir. Mais que l'on invoque des raisons psychologiques, sociales ou économiques, « tout se passe comme si, depuis que l'enfant avait perdu son socle d'évidence que lui conférait le mariage, des forces insensibles, incomplètement maîtrisées, tendaient à compromettre les chances de sa venue [2] ».

Ce que l'on peut noter, c'est que la plupart de ces femmes-là ne sont pas tenaillées par un quelconque instinct maternel. Après tout, nous vivons à une époque où une femme célibataire, sans compagnon stable (ou contre l'avis de celui-ci) peut avoir un

1. Pascale Donati, *Ne pas avoir d'enfant…*, *op. cit.*, p. 20.
2. *Ibid.*

enfant sans que la société y trouve à redire. Telle n'est pas l'option des *postponers* « involontaires ».

FEMME ET MÈRE

La majorité des Occidentales ont en principe la possibilité de choisir entre leurs intérêts de femmes et leurs désirs de maternité. D'un côté elles veulent les moyens de leur indépendance, la possibilité de s'affirmer dans une profession, une vie conjugale et sociale épanouissante. De l'autre, l'expérience de la maternité et tous les bonheurs et l'amour qu'incarne un enfant. Bref, comme disent les américains : « *To have it all.* »

Pour parvenir à cet idéal, elles font des enfants plus tard et en moins grand nombre. Mais dès la naissance du premier, elles se retrouvent en position de négociatrice entre leur double identité.

La négociatrice

La négociation est d'autant plus difficile à réussir que les exigences sont grandes de part et d'autre. L'idéal maternel se heurte de plein fouet aux contraintes de plus en plus dures du monde du travail. Comment répondre à l'un sans sacrifier l'autre ? Question rendue plus difficile depuis trente ans par les crises économiques qui se succèdent et l'angoisse du chômage qui guette chacun et chacune. Or il se trouve que c'est justement durant cette même période que l'idéal de la bonne mère est devenu écrasant. Une récente étude australienne [1] montre à quel point les discours sur la maternité peuvent peser sur les femmes dans leur choix maternel. Si la plupart négocient avec l'idéal proclamé, toutes, avec ou sans enfant, sont influencées au moins par certains de ses aspects. En Australie, comme aux États-Unis et en Grande-Bretagne, le modèle de la maternité « intensive », si bien décrit par Sharon Hays [2], garde un pouvoir considérable sur les esprits. Les femmes étant jugées comme les mieux à même de veiller sur leurs jeunes enfants, on leur demande d'être mères à plein temps, totalement disponibles. Maher et Saugères montrent que

1. JaneMaree Maher, Lise Saugères, « To Be or Not To Be a Mother ? », *Journal of Sociology – The Australian Sociological Association*, 2007, vol. 43 (1), p. 5-21. Compte rendu et conclusion d'entretiens semi-structurés avec cent femmes. Cette étude rejoint celle de Leslie Cannold, *What, No Baby ? Why Women are Loosing the Freedom to Motherhand, and How They Can Get It Back*, 2005.
2. *The Cultural Contradictions of Motherhood*, 1996.

cette représentation culturelle de la bonne mère est acceptée telle quelle par celles qui n'ont pas d'enfant, alors que les autres ont une vision moins contraignante et rigoureuse de celle-ci. Elles se sentent, contrairement aux *childless*, capables de négocier entre leur rôle de mère et d'autres objectifs personnels. Même si elles reconnaissent le bien-fondé du modèle dominant, leur pratique maternelle quotidienne aboutit à le démystifier. « Il y a un fossé croissant entre la représentation de la bonne mère et sa mise en pratique [1]. » Lors des entretiens, elles parlent du maternage comme d'une partie seulement de leur activité et de leur identité. Bien qu'elles ne soient pas insensibles à la pression qui pèse sur elles d'être mères à temps complet, la plupart indiquent qu'elles ne veulent pas s'y conformer. Leur identité professionnelle n'est pas discutable. Elles ne se voient pas mères à plein temps à la maison. Tout est donc affaire de négociation.

Au demeurant, l'équilibre entre les deux identités est fragile et instable. La négociation n'est jamais acquise définitivement. Elle évolue en fonction de l'âge et des besoins de l'enfant, mais aussi de la situation ou des occasions professionnelles. Lesquels

1. Maher et Saugères, *op. cit.*, p. 5.

peuvent entrer en complète contradiction. Que l'enfant pose un problème inattendu et l'idéal maternel que l'on a contourné revient au galop. Coupable, forcément coupable... Le spectre de la mauvaise mère s'impose à elle d'autant plus cruellement qu'elle a inconsciemment intériorisé l'idéal de la bonne mère. Dans ces épreuves conflictuelles, la femme et la mère se sentent également perdantes. Exactement le cas de figure auquel des femmes de plus en plus nombreuses ne veulent pas être confrontées.

CHAPITRE VI

LA GRÈVE DES VENTRES

Contrairement au début du XXe siècle, il n'y a là nul objectif politique [1]. La décision de n'avoir pas d'enfant ou la non-décision d'en avoir un relève du privé et de l'intime. La plupart du temps, c'est le résultat d'un dialogue secret entre soi et soi qui n'a que faire de la propagande. Pourtant le phénomène s'étend à un rythme soutenu dans certains pays, notamment anglo-saxons, mais aussi au Japon ou dans l'Europe du Sud. En vingt ans, le nombre de couples sans enfant a doublé dans ces pays, presque sans qu'on y prenne garde. Pour désigner cette nouvelle réalité – les couples non stériles qui ne font pas d'enfant –, les anglophones distinguent les

1. Voir Francis Ronsin, *La Guerre des ventres. Propagande néo-malthusienne et baisse de la natalité en France, XIXe-XXe siècles*, 1980.

childless et les *childfree* [1], et les Allemands parlent de *Kinderlosigkeit*, expression qui signifie l'idéal de l'absence d'enfant. En France, où le phénomène n'est pas significatif, nous sommes démunis de terme spécifique. On parle d'infécondité volontaire ou involontaire sans bien distinguer l'une de l'autre, ni faire référence à un style de vie.

Alors que les Françaises sans enfants sont toujours estimées entre 10 % et 11 % et que les projections des démographes n'annoncent pas de grands changements à venir [2], on compte 18 % des Anglaises [3], 20 % des Italiennes [4], 16 % des Autrichiennes (dont 25 % à

1. *Childless* signifie « sans enfant » et ne précise pas si l'intention est volontaire ou non. Ce terme est plus neutre que *childfree*, « libérée de la charge d'enfant », qui marque la volonté de ne pas avoir d'enfant.
2. Laurent Toulemon, Ariane Pailhé, Clémentine Rossier, « France : High and Stable Fertility », *Demographic Research,* vol. 19, article 16, p. 503-556, 1er juillet 2008. Selon leurs projections, 11 % de la cohorte des femmes nées en 1970 et 12 % de celles nées en 1980 devraient rester sans enfant (p. 516 et 518).
3. Dylan Kneale, Heather Joshi, « Postponement and Childlessness : Evidence from Two British Cohorts », *Demographic Research*, vol. 19, article 58, p. 1935-1968, 28 novembre 2008. Ils indiquent que la cohorte des femmes nées en 1946 furent 9 % à rester sans enfant et celles nées en 1958 18 % comme celles nées en 1970.
4. Alessandra De Rose, Filomena Racioppi, Anna Laura Zanatta, « Delayed Adaptation of Social Institutions to Changes in Family Behaviour », *Demographic Research*, vol. 19, article 19,

Vienne) [1], entre 21 et 26 % des Allemandes [2]. Hors de l'Europe, on observe la même tendance. Aux États-Unis, où le taux de fertilité se maintient à un haut niveau, on estime que 18 % à 20 % des femmes resteront *childless*, soit deux fois plus qu'il y a trente ans [3]. Idem en Australie et en Nouvelle-Zélande [4], et même dans les pays asiatiques

---

p. 665-704, 1er juillet 2008. Les auteurs indiquent que la cohorte des femmes nées en 1945 furent 10 % à rester sans enfant et celles nées en 1965, 20 % (p. 671).

1. Alexia Prskawetz, Tomas Sobotka, Isabella Buber, Henriette Engelhardt, Richard Gisser, « Austria : Persistent Low Fertility since the Mid-1980s », *Demographic Research*, vol. 19, article 12, p. 293-360. 1er juillet 2008.

2. Jürgen Dorbritz, « Germany : Family Diversity with Low Actual and Desired Fertility », *Demographic Research*, vol. 19, article 17, p. 557-598, 1er juillet 2008. L'auteur souligne qu'il s'agit d'estimations : 7 % des femmes nées en 1935, 21 % de celles nées en 1960 et 26 % de celles nées en 1966. Il remarque également que seule la Suisse peut être comparée à l'Allemagne à ce sujet. *Le Monde*, 20 octobre 2009, précisait que 29 % des Allemandes de l'Ouest nées en 1965 sont restées sans enfant.

3. Chiffres 2006 publiés par US Census Bureau en août 2008.

4. Dans ces deux pays, nous n'avons pas de statistiques officielles et les estimations varient considérablement d'une étude à l'autre. Mais le phénomène est suffisamment important pour susciter nombre de commentaires. Voir Janet Wheeler, « Decision-making Styles of Women who Choose not to Have Children », *9th Australian Institute of Family Studies Conference*, Melbourne, 9-11 février 2005. Voir

industrialisés tels Singapour ou la Thaïlande [1]. Si l'on ignore le nombre de femmes sans enfant au Japon, on sait en revanche que le taux de fertilité des Japonaises est l'un des plus bas du monde avec celui des Allemandes, puisqu'il tourne autour de 1,3 enfant par femme [2].

Tout se passe comme si montait une sourde résistance contre la maternité. Dès lors que les femmes maîtrisent leur reproduction, font des études, envahissent le marché du travail et prétendent à l'indépendance financière ou à faire une carrière, la maternité n'est plus une évidence naturelle mais une question. Même si le refus d'enfant est le fait d'une minorité, la vraie révolution est là, qui appelle une redéfinition de l'identité féminine. Certes, tous les

également Jane Cameron, *Without Issue : New Zealanders who Choose not to Have Children*, 1997.
1. En Thaïlande, le nombre de femmes sans enfant a plus que doublé entre 1970 et 2000, passant de 6,5 % à 13,6 %. Voir P. Vatanasomboon, V. Thongthai, P. Prasartkul, P. Isarabhakdi, P. Guest, « Childlessness in Thailand : an Increasing Trend between 1970 and 2000 », *Journal of Public Health and Development*, 2005, vol. 3, n°3, p. 61-71.
2. Comme la plupart des pays européens de l'ex-bloc de l'Est, la Russie comprise, ainsi que la Grèce, le Portugal, l'Espagne. Voir l'INED, Indicateurs de fécondité, 2008. Estimation Eurostat. http://www.ined.fr/fr/pop_chiffres/pays_developpes/indicateurs_fecondite/

pays industrialisés ne sont pas tout à fait dans la même situation. Certes les normes culturelles propres à chacun peuvent évoluer et les politiques familiales influencer les choix parentaux, mais le phénomène *childless*, en phase avec l'individualisme de notre temps, n'est pas prêt de disparaître. D'autant qu'il ne manque ni d'avantages ni d'attraits.

LÀ OÙ LES DEVOIRS MATERNELS SONT LES PLUS LOURDS

Dans les pays les plus touchés par la baisse de la fécondité et le refus d'enfants, on observe la conjonction de deux facteurs qui sont de puissants freins au désir de maternité. Le premier, peut-être le plus important, est la prégnance sociale du modèle de la bonne mère. Le second – qui découle du premier – est l'absence d'une politique familiale résolument coopérative pour les femmes.

Le poids des normes culturelles

On l'observe dans trois grandes nations industrielles aussi différentes que l'Allemagne, l'Italie ou le Japon. Ces pays aux fortes traditions patriarcales sont restés attachés, plus longtemps que d'autres, au modèle de la complémentarité des sexes qui commande une stricte séparation des univers masculins et féminins, et où rôles et fonctions sont soigneusement différenciés. Aux femmes reviennent les soins de l'enfant, du mari et de la maison, aux hommes tout le reste. Si ce modèle s'est imposé dans l'histoire à peu près partout, les trois pays en question ont en commun d'avoir survalorisé le rôle maternel au point d'y engloutir toute identité féminine. La *Mutter* allemande, la *mamma* italienne et la *kenbo* [1] japonaise donnent une image mythique de la mère, à la fois sacrificielle et toute-puissante. À côté d'elles, la *maman* française et la *mummy* anglaise font bien pâles figures. L'envers de la médaille, c'est que les femmes ainsi identifiées à la mère admirable, se sont retrouvées prisonnières de ce rôle qui les assignait à résidence. Comment échapper à l'enfermement maternel dès lors qu'il est l'objet d'un puissant consensus social ? Comment changer la donne quand toute la société est organisée par les

---

1. Joanna Nursey-Bray, *Good Wifes and Wise Mothers* [*Kenbo*]. Thèse soutenue au Centre des études asiatiques, université d'Adélaïde, 1992. Voir aussi Muriel Jolivet, *Un pays en mal d'enfants. Crise de la maternité au Japon*, 1993. Ce livre décrit la révolte des Japonaises contre le rôle écrasant de la mère traditionnelle.

hommes et pour les hommes qui ne trouvent qu'avantages au *statu quo* ? Comme souvent, les filles n'ont pas bénéficié de la solidarité de leurs mères. Au contraire, ces dernières leur ont pieusement transmis l'obligation morale de ce rôle maternel qu'elles avaient assumé et qui résumait leur existence.

Pourtant, à l'instar de toutes les femmes des pays industrialisés, les Allemandes et les Italiennes depuis les années soixante-dix et les Japonaises, plus récemment, ont peu à peu envahi les universités et le marché du travail [1], rêvant de liberté, d'indépendance financière et d'une conciliation possible entre leur vie de famille et leur vie professionnelle. Or ces trois sociétés sont restées sourdes à leurs attentes. Une fois mères de famille, il leur a fallu rentrer à la maison pour s'occuper de leur enfant. Non seulement crèches et gardes d'enfants manquent cruellement dans ces pays, mais si par chance la jeune mère trouve une solution pour faire garder son

1. De 1982 à 2007, le pourcentage de Japonaises de quinze à trente-neuf ans ayant une activité professionnelle a régulièrement augmenté. Il est passé de 49,4 % à 59,4 %. Augmentation nettement plus importante depuis 2002. Voir le bureau des statistiques japonaises, que l'on peut consulter en anglais sur le site Internet : http://www.stat.go.jp/english/info/news/1889.htm.

bébé, il n'est pas facile d'affronter le regard désapprobateur de sa mère et de sa belle-mère. Confier son enfant à une institution ou à une étrangère est encore trop souvent considéré comme une condamnable désertion maternelle [1] ; sans même parler des discriminations du monde du travail, comme au Japon, à l'égard des jeunes mères.

Résultat : les femmes retardent l'âge de la maternité et font de moins en moins d'enfants. Même si depuis peu les gouvernements s'en inquiètent et tentent d'élaborer, comme en Allemagne, une nouvelle politique familiale [2], la norme sociale de la bonne mère tout entière consacrée à son petit, parfois vieille de plusieurs siècles, n'a pas fini de peser sur les esprits. Il faudra probablement plus de temps pour la faire évoluer qu'il n'en faut pour construire des crèches.

1. En 2004, 62 % des Allemands (contre 29 % seulement en Allemagne de l'Est) considéraient que les enfants souffraient si la mère avait une activité professionnelle, et qu'il était incompatible de poursuivre une activité professionnelle quand on était mère. Celles qui tentaient de le faire étaient perçues comme de mauvaises mères, des *Rabenmütter* [mères corbeaux qui ne s'occupent plus de leur petit quand il tombe du nid]. Cité par Eike Wirth, *Kinderlosigkeit von hochqualifizierten Frauen und Männern im Paarkontext. Eine Folge von Bildungshomogamie ?*, 2007, p. 167-199.
2. Depuis janvier 2004, une nouvelle législation est entrée en vigueur qui doit améliorer la prise en charge des enfants de moins de trois ans.

Là où la société privilégie la mère au détriment de la femme

Aucun pays ne peut rester longtemps indifférent à son taux de natalité. À long terme, il y va du paiement des retraites, de sa puissance et de sa survie. Pour pallier la chute observée ces dernières décennies, les différents gouvernements européens ont mis en place des politiques familiales que les démographes divisent en quatre groupes, selon les intentions et l'organisation de leur système d'aide sociale : « Les pays nordiques promeuvent universellement l'indépendance des individus et l'égalité sociale. C'est l'État qui fournit l'essentiel de l'aide sociale. Les pays anglophones privilégient l'individualisme propre aux sociétés libérales. Ce sont les familles et les entreprises qui fournissent l'aide sociale. Ceux d'Europe centrale ont des politiques visant à préserver le *statu quo* et le mode de famille traditionnelle. Cette aide sociale à la famille est qualifiée de conservatrice. Enfin les pays méditerranéens ont la même politique que les précédents, mais avec une tendance familialiste plus marquée encore [1]. »

1. L. Toulemon, A. Pailhé, C. Rossier, « France : High and Stable Fertility », *op. cit.*, p. 505-506. Traduit par nous.

201

D'un point de vue strictement féministe, on distingue deux types de politiques familiales : celles qui prennent en compte les désirs personnels des femmes et celles qui ne le font pas. Celles qui les aident à assumer leurs différents rôles et celles qui se limitent au soutien de la mère et de la vie familiale. Ces dernières considèrent que le reste est de l'ordre de choix privés qui ne les regardent pas. L'histoire récente montre que ce sont les premières, telles qu'on les applique dans les pays scandinaves, et à un moindre degré en France, qui réussissent le mieux. Pour que les femmes fassent un peu plus d'enfants, il faut qu'elles puissent les donner à garder dans des crèches de qualité, ouvertes toute la journée, et qu'elles-mêmes aient la possibilité de travailler à mi-temps ou de bénéficier d'horaires flexibles. Mais cela ne suffit pas. Il faut aussi que le partage du monde professionnel se double du partage des tâches familiales [1]. Ce qui suppose non seulement des investissements publics importants, mais une réforme féministe en profondeur de la société, tant des politiques que des entreprises, et avant tout des hommes eux-mêmes. Si aucun pays ne peut encore se targuer d'avoir

1. Voir Ursula Henz, « Gender Roles and Values of Children : Childless Couples in East and West Germany », *Demographic Research*, vol. 19, art. 39, 1er juillet 2008, p. 1452.

touché au but, à savoir l'égalité des sexes [1], ceux qui enregistrent les plus faibles taux de natalité semblent en avoir pris conscience plus tardivement que d'autres, ou peut-être pas encore...

Au Japon, comme en Italie, les naissances hors mariage sont encore mal vues et les divorces aussi. Mais contrairement à l'Italie, l'institution du mariage japonais, (encore trop souvent arrangé), est « en train de s'effondrer [2] » et le désir d'enfant avec. Il est presque impossible de concilier vie de famille et vie professionnelle. La plupart des Japonaises arrêtent de travailler lorsqu'elles se marient ou à la naissance du premier bébé. Selon une enquête du ministère de la Santé en 2006, un tiers des femmes ayant choisi de continuer à travailler après leur mariage quittent leur emploi au cours des quatre années suivantes. Les places en crèches sont rares et chères et les écoles maternelles ne prennent les enfants qu'à partir de quatre ans et ferment à 14 heures. Quant à l'école primaire, elle ne les accueille qu'à partir de sept ans...

1. L'écart des salaires entre hommes et femmes reste le meilleur indicateur de la situation. Or nous constatons qu'il reste partout à l'avantage des hommes.
2. Chikako Ogura, psychologue, professeur à l'Université Waseda à Tokyo, citée par *L'Express*, 10 septembre 2009, dans l'excellent reportage : « Les Japonaises ont le *baby blues* ».

Ces conditions – justifiées par le modèle de la femme-mère, irremplaçable auprès de son enfant – étaient encore hier celles de l'Allemagne, en particulier de l'ex-RFA. Elles interdisent l'émancipation des femmes, qui n'ont pas d'autres solutions que de rester célibataires le plus longtemps possible ou de tourner le dos à la maternité. Et ce n'est probablement pas la promesse du nouveau premier ministre japonais Yukio Hatoyama, d'accorder deux cents euros mensuels pour chaque enfant en âge d'être scolarisé qui changera la donne. Les différentes expériences européennes montrent que ce sont les pays où le taux d'activité féminine est le plus haut qui affichent parallèlement les meilleurs taux de fertilité. Partout on constate que la générosité des allocations ne suffit pas. Dans un pays comme l'Autriche qui consacre 2,3 % de son PIB à sa politique familiale (parmi les plus larges d'Europe), l'insuffisance criante de garde d'enfants publique et privée [1] a pour conséquences un faible taux de fécondité et un fort pour-

1. Alexia Prskawetz *et al.*, « Austria, Persistent Low Fertility Since the Mid-1980, *op. cit*, p. 336-337 : en 2005, seuls 4,6 % des enfants de moins de trois ans et 60,5 % de tous les enfants entre trois ans et l'entrée à l'École bénéficiaient d'une garde publique. En outre, les heures d'ouverture et les longues périodes de fermeture durant les vacances, les rendent peu pratiques.

centage de femmes sans enfant, notamment chez celles qui ont un haut niveau d'éducation.

L'exemple de l'Allemagne doit nous donner à réfléchir. Contrairement à l'Italie, ce pays, comme d'autres en Europe du Nord, s'est débarrassé du carcan de la famille traditionnelle. La diversité des modes de vie y est bien accueillie et le mariage avec enfant en est un parmi d'autres. Célibat, cohabitation, parent célibataire, familles recomposées, couples faisant appartement à part sont autant de choix largement acceptés par la société. Or ce pays, le plus peuplé d'Europe, enregistre un taux négatif de croissance naturelle depuis plus de trente ans. Comme le souligne le démographe Jürgen Dorbritz[1], sa politique familiale est un échec en termes d'influence sur la fertilité. Centrée sur l'aide financière aux familles et la promotion du père pourvoyeur, elle contraint les femmes à choisir entre la famille et le travail dès la naissance du premier enfant. La culture de l'individualisme s'imposant en Allemagne, comme ailleurs, de plus en plus de femmes notamment parmi les plus diplômées, choisissent de ne pas avoir d'enfant et de se consacrer à leur profession, s'épargnant ainsi

---

1. « Germany : Family Diversity With Low Actual and Desired Fertility », *Demographic Research*, vol. 19, art. 17, p. 557 (2008).

bien des difficultés quotidiennes. Or, force est de constater que les Allemandes (et les Allemands) semblent prendre de plus en plus goût au style de vie *childless*. Contrairement aux Italiennes qui voudraient plus d'enfants (en moyenne 2)[1], les Allemands (hommes et femmes) ont le désir d'enfant le plus bas d'Europe. En 2004, une enquête effectuée auprès des 20-39 ans a montré que les femmes d'Allemagne de l'Ouest désiraient en moyenne 1,73 enfants et celles de l'Est, 1,78. Quant aux hommes, leur désir était encore moindre : 1,59 pour ceux de l'Ouest et 1,46 pour ceux de l'Est[2]. Selon J. Dorbritz, la raison de chiffres aussi bas réside dans la

1. A. de Rose *et al.*, « Italy : Delayed Adaptation… », *Demograph Research* (2008), *op. cit.*, p. 682-683. Les auteurs précisent que 98 % des femmes de 20 à 29 ans souhaitent avoir des enfants ; que le nombre d'enfants désirés est en moyenne de 2,1 et que le désir d'enfants reste inaltéré, y compris chez celles qui ont beaucoup investi dans leur éducation et ont des ambitions professionnelles.
2. « Germany… », *op. cit.*, p. 583-584, où figure le nombre d'enfants désirés en Allemagne : 2004 (moyenne).

Nombre d'enfants	Allemagne de l'Ouest		Allemagne de l'Est	
	femme	homme	femme	homme
Pas d'enfant	16,6	27,2	5,8	21,1
Un enfant	14,5	13,0	28,7	24,2
Deux enfants	53,7	40,0	50,6	45,0
Trois enfants	11,6	16,2	11,6	7,6
Quatre enfants ou plus	3,7	3,5	3,3	2,0
Moyenne	1,73	1,59	1,78	1,46

très haute proportion de ceux qui souhaitent rester *childless*.

Pour tenter de comprendre cette surprenante baisse du désir d'enfants, l'université de Leipzig lança en 1999 une grande enquête psychosociologique auprès de 1 600 personnes, hommes et femmes, parents et non-parents, âgés de 21 à 50 ans[1]. Si l'on découvrit sans surprise que l'aspect affectif et émotionnel était le plus puissant motif de l'engendrement, suivi de la reconnaissance sociale de la parentalité (en particulier pour les Allemandes de l'Ouest), en revanche il est plus significatif de voir invoquer les contraintes personnelles et financières comme les obstacles majeurs à la reproduction. Beaucoup plus étonnant encore de constater que l'enfant aurait perdu son statut de priorité absolue. En effet lorsqu'on demanda aux personnes sondées de classer par ordre d'importance les valeurs essentielles de la vie, la famille et les enfants n'arrivèrent qu'en sixième position après 1) la santé, 2) les revenus et la sécurité financière, 3) le travail, 4) la relation de couple et la sexualité, 5) les conditions de

1. Yve Ströbel-Richter, Manfred E. Beutel, Carolyn Finck, Elmar Brähler, « The Wish to Have a Child, Childlessness and Infertility in Germany », *Human Reproduction*, 2005, vol. 20, fasc. 10, p. 2850-2857.

vie. Seuls les amis et les activités de loisir étaient considérés comme moins importants que les enfants. Ceux-ci étant plus désirés par les femmes que par les hommes, par les gens de l'Est que par ceux de l'Ouest, par les plus âgés que par les plus jeunes.

Les résultats de cette enquête n'ont pas vocation à être généralisés. Ils ne sont pas inscrits dans le marbre et peuvent évoluer en fonction de différents facteurs. Pourtant il n'est pas exclu non plus qu'ils annoncent un profond changement des mentalités et une diversification des désirs féminins qui vont bien au-delà de la société allemande. Reste qu'il n'est pas indifférent que ce soit justement dans un pays où les devoirs maternels ont été portés au plus haut que des femmes de plus en plus nombreuses résistent à la tentation d'être mère, voire tournent le dos à la maternité.

Nous devons prendre acte du fait que la présence d'un enfant dans un foyer induit un mode de vie qui ne convient plus à toutes. On doute qu'aucune politique familiale, même la plus audacieuse, puisse les faire facilement changer d'avis.

L'ÉMERGENCE D'UN NOUVEAU STYLE DE VIE

Il y a encore peu, rares étaient celles qui pensaient pouvoir vivre bien sans enfant. Plus rares encore, celles qui avouaient vivre mal leur maternité et regretter l'expérience. La maternité marquait la véritable entrée dans l'âge adulte, sans laquelle il ne pouvait être question de bonheur et d'accomplissement. Celles qui y échappaient étaient regardées avec suspicion ou condescendance. On parlait volontiers de « fruits secs », de « frustrées » ou de femmes inachevées. On les fantasmait plutôt tristes et solitaires (contrairement à l'image du joyeux célibataire) car point de vie de couple hors mariage et pas de mariage sans enfant… Ce schéma a volé en éclat avec la diffusion de la cohabitation et des ambitions professionnelles féminines. Certains adultes vivent délicieusement leur vie de couple et redoutent la présence de l'enfant comme une source possible de déséquilibre. Ils privilégient leur liberté, leurs plaisirs, leurs ambitions et leur tête-à-tête. Pour certaines femmes, c'est l'assurance de pouvoir disposer d'un potentiel de temps, d'énergie ou de moyens financiers auxquels une mère de famille peut rarement prétendre. Que ce style de vie soit choisi d'emblée ou qu'il s'impose peu à peu comme une évidence, il témoigne du triomphe d'un nouvel hédonisme qui n'est pas moins présent dans le choix de la procréation [1]. Pourtant si l'on admet fort bien l'hédonisme parental, considéré comme la ruse de l'espèce pour se perpétuer, on regarde encore d'un mauvais œil ceux et surtout celles qui font le choix inverse. Qualifiée un peu vite d'irresponsable et d'égoïste, la femme *childfree* pose au contraire la question de la responsabilité maternelle comme elle n'a jamais été posée auparavant, tant que la maternité relevait de la nécessité naturelle.

L'intériorisation (excessive ?) de la mère idéale

À lire les témoignages des femmes sans enfant et les nombreuses enquêtes dont on dispose aujourd'hui sur elles [2], on est frappé de constater à quel point elles semblent adhérer au modèle de la mère parfaite, telle qu'on l'a décrite plus haut : mère conventionnelle qui veille sans répit sur son enfant sept jours sur sept et trois cent soixante-cinq jours par an.

1. Voir le sondage TNS-Sofres pour *Philosophie Magazine*, *supra* p. 21. À la question : « Pourquoi fait-on des enfants ? », 73 % des réponses sont liées au plaisir.
2. Voir la bibliographie.

À leurs yeux, on ne peut pas prétendre être une bonne mère et poursuivre en même temps des engagements personnels. Elles n'imaginent pas pouvoir assumer la responsabilité d'un ou plusieurs enfants tout en étant le professeur, l'artiste, le médecin ou le cadre qu'elles désirent être. Comment prendre soin d'un bébé tout en écrivant sa thèse ? Elles ont totalement intériorisé les préceptes des tenants de la Leche League ou ceux des pédopsychiatres les plus traditionnels qui rendent incompatibles la conciliation entre maternité et carrière. Ainsi en témoigne Émilie Devienne dans un livre par ailleurs fort lucide sur le choix de ne pas avoir d'enfant[1]. Se référant à Edwige Antier et à Claire Brisset, alors Défenseure des enfants, Émilie Devienne fustige les mères trop pressées qui ne respectent pas « le temps de l'enfant », celles qui le mettent trop tôt à la crèche (avant deux ou trois ans) ou trop tôt à l'école, bref, toutes celles qui brûlent les étapes pour se décharger de leurs tâches maternelles. « Il faut se montrer lucide, dit-elle, et savoir si, jusqu'à son dernier souffle, on aimera s'inscrire dans cette logique d'accompagnement qui dans l'idéal se veut

1. *Être femme sans être mère. Le choix de ne pas avoir d'enfant*, 2007, p. 96-98.

211

indéfectible et inconditionnel. » Pour elle, la maternité (ou la paternité) ne doit pas être l'effet « d'une pulsion d'amour, ni une expérience, ni une philosophie de la vie. C'est d'abord et avant tout un devoir que l'on s'impose en toute liberté et dont les répercussions dépassent largement le cercle privé. Soit on assume, soit on s'abstient ».

S'inscrivant dans la logique du tout ou rien, tout en ayant une haute idée des devoirs maternels, ces femmes passent sous silence les plaisirs et bénéfices de la maternité. Elles n'en voient que les aspects sombres, contraignants et sacrificiels. Les unes disent leur dégoût des aspects physiques de la maternité, de la grossesse et de l'accouchement, mais aussi des soins à donner à l'enfant [1]. D'autres avouent que l'idée de s'occuper à plein temps d'un bébé les déprime : « C'est comme vivre toute la journée, et tous les jours, en compagnie exclusive d'un incontinent, mentalement déficient [2]. » Certaines craignent la monotonie des tâches, sales, répétitives et peu gratifiantes. Elles parlent d'aliénation et de perte d'identité. Mais selon la sociologue américaine Kristin Park qui a repris la plupart des

1. Elaine Campbell, *The Childlessness Marriage*, 1985, p. 51.
2. *Ibid.*, p. 49.

enquêtes effectuées depuis vingt ans sur les femmes *childfree*, le premier motif et le plus allégué (dans 80 % des enquêtes) est la liberté [1]. Déchargées des responsabilités maternelles, elles apprécient par-dessus tout leur autonomie affective et économique, la possibilité de profiter de toutes les occasions d'épanouissement personnel et leur liberté de mouvement. Le second motif évoqué dans 62 % des études est un plus haut degré de satisfaction conjugale. Viennent ensuite des considérations professionnelles et financières, la peur de la surpopulation, le désintérêt ou la détestation des enfants.

Pendant fort longtemps – et peut-être encore aujourd'hui – ces explications du non-désir d'enfant sont apparues comme autant d'incongruités. Des rationalisations de problèmes inconscients issus de traumatismes infantiles. Autrement dit un choix négatif qui révèle des troubles psychologiques : mauvaises relations à la mère [2], refus de sa féminité [3],

1. Kristin Park, « Choosing Childlessness : Weber's Typology of Action and Motives of the Voluntary Childless », *Sociological Inquiry* (2005), vol. 75, n° 3, p. 372-402.
2. Voir Édith Vallée, *Pas d'enfant, dit-elle… Les refus de la maternité*, 2005. Caroline Eliacheff et Nathalie Heinich, *Mères-filles, une relation à trois*, 2002.
3. Nicole Stryckman, « Désir d'enfant », *Le Bulletin freudien*, n° 21, décembre 1993.

« assises narcissiques précaires [1] », mouvement dépressif ou mésestime de soi, etc. Bref, un renoncement pathologique dont une psychanalyse pourrait peut-être venir à bout. Il est vrai que nombre de femmes interrogées sur leur refus d'enfant parlent de leur propre mère frustrée par les devoirs et les soucis maternels, leur léguant un modèle qu'elles ne voulaient pas reproduire [2], mais d'autres évoquent au contraire l'image positive d'une mère active qui les a encouragées à poursuivre des études et à gagner leur autonomie [3], sans pour autant les décourager du mariage et de la maternité. Finalement, choisir d'être mère ou non doit-il être analysé en termes de normalité ou de déviance ? On ne s'interroge jamais sur la légitimité d'un désir d'enfant. Pourtant nul n'ignore les ravages de l'irresponsabilité maternelle. Combien d'enfants sont mis au monde pour jouer le rôle de compensation, de jouet ou d'accessoire de

1. Gérard Poussin, *La Fonction parentale*, 2004, cité dans l'excellent article de Geneviève Serre, Valérie Plard, Raphaël Riand, Marie Rose Moro, « Refus d'enfant : une autre voie du désir ? », *Neuropsychiatrie de l'enfance et de l'adolescence*, n° 56, 2008, p. 9-14.
2. Voir Jane Bartlett, *Will you be mother ?*, 1994, p. 107-111 ; Elaine Campbell, *op. cit.*, p. 37-41 ; Marian Faux, *op. cit.*, p. 16-17.
3. Pascale Donati, *Ne pas avoir d'enfant, op. cit.*, p. 15.

leur mère ? Combien d'enfants maltraités ou abandonnés à eux-mêmes qui passent par pertes et profits de la nature ? Étrangement, la société paraît plus interpellée par celles qui mesurent leurs responsabilités que par celles qui les ignorent...

Les satisfactions conjugales et professionnelles

En France, la plupart des spécialistes de la famille ne pensent pas, contrairement à Philippe Ariès [1], que l'individualisme contemporain favorise le conjugal au détriment du parental. Au contraire, Pascale Donati fait observer que tous les sondages d'opinion confirment que la famille occupe la première place dans l'échelle des valeurs et que « l'enfant est jugé indispensable pour l'équilibre conjugal [2] ». En outre, on souligne volontiers les avantages salutaires, psychologiques et identitaires que la parentalité apporte aux individus. Si nul n'ignore le coût social et professionnel de la maternité pour les femmes, le coût conjugal n'apparait pas dans le bilan.

1. « L'enfant : la fin d'un règne », in *Finie, la famille ?*, Autrement, 1975, rééd. 1992, p. 229-235. Philippe Ariès expliquait la baisse de la natalité par un malthusianisme hédoniste. De l'enfant-roi on serait passé à l'enfant-gêne, compromettant l'épanouissement des individus et du couple.
2. *Op. cit.*, p. 31-32.

Pourtant nombre de chercheurs anglo-saxons se sont intéressés à la question des satisfactions conjugales des couples avec ou sans enfant. Même si chaque groupe avance de bonnes raisons d'être satisfait et qu'il est bien difficile de mesurer la véracité de ses propos, la répétition des enquêtes suggère d'intéressantes conclusions. Les études sur les couples de parents font état d'un fléchissement de la satisfaction conjugale lorsqu'ils atteignent la quarantaine. Pendant longtemps personne ne songea à mettre ce phénomène en relation avec la présence de jeunes enfants dans le foyer[1]. Pourtant à y regarder de près, on constate que ceux-ci interfèrent constamment dans le dialogue parental, et rendent souvent difficile le tête-à-tête nécessaire au couple. Outre que l'éducation d'un enfant peut susciter des frictions entre le père et la mère, on sait la difficulté d'alterner rôle parental et rôle conjugal. Dès lors que le couple est fondé sur l'amour et la complicité, il se nourrit de ces ingrédients qui supposent un minimum d'intimité et de liberté. Mais la fonction parentale exige au contraire l'oubli de soi et de ses désirs afin d'être disponible pour ses

1. Marian Faux, *Childless by Choice, op. cit.*, p. 42-43 ; Jane Cameron, *Without Issue, op. cit.*, p. 61-64 et 74-76.

enfants. Finalement, quoi de plus antithétique au rôle maternel (et paternel) que celui de l'amante (et de l'amant) ? Quand les enfants s'endorment et que le couple souvent exsangue se retrouve seul, il peut avoir bien du mal à se défaire de ses habits de parents pour endosser ceux de la séduction. L'idée convenue que l'enfant renforce la solidité du couple a fait long feu. Certes il crée un lien indissoluble entre père et mère, mais il peut aussi être paradoxalement une véritable épreuve pour l'entente entre homme et femme.

À l'inverse, les couples sans enfant se plaisent à souligner les avantages du tête-à-tête : vivre l'un pour l'autre, faire plus de choses à deux que les parents, être à l'écoute des sentiments et des désirs de l'autre. Pour eux, l'enfant est ressenti comme une menace possible à cette harmonie supposée. La femme *childfree*, en particulier, met en avant la jouissance de disposer de son temps et de son énergie physique, émotionnelle et sexuelle [1].

1. Marsha D. Somers, « A Comparison of Voluntary Childfree Adults and Parents », *Journal of Marriage and the Family*, vol. 55, n° 3 (août 1993), p. 643-650. Jane Cameron, *op. cit.*, p. 75. Sherryl Jeffries, Candace Konnert, « Regret and Psychological Well-Being among Voluntary and Involuntary Childless Women and Mothers », *International Journal of Aging & Human Development*, 2002, vol. 54, n° 2, p. 89-106.

Dans l'ensemble, les adeptes de ce mode de vie se mettent en couple plus tardivement. Leur individualisme va de pair avec d'autres caractéristiques : peu ou pas religieux, rationalistes, tolérants, cosmopolites, égalitaires et urbains[1]. Au demeurant, ces couples se séparent comme les autres et à coup sûr plus facilement[2]. Il n'est donc pas question de privilégier l'un ou l'autre des modes de vie. Il ne s'agit que de reconnaître la légitimité d'un choix alternatif et le fait qu'il y a des couples qui s'enrichissent de leurs enfants alors que d'autres les ressentent comme une perte ou un appauvrissement de leur relation.

1. Sandra Toll Goodbody, « The Psychosocial Implications of Voluntary Childlessness », *Social Casework*, 1977, n° 58, (7), p. 426-434. Voir aussi Joshua M. Gold and J. Suzanne Wilson, « Legitimizing the Child-Free Family », *The Family Journal : Counseling and Therapy for Couples and Families*, vol. 10, n° 1, janvier 2002, p. 70-74.
2. Kristin Park, « Choosing Childlessness... », art. cité, p. 375. Elle souligne que les études sur la satisfaction conjugale comparée des couples avec ou sans enfant ont produit des conclusions différentes. Selon les unes, il n'y a pas de différences significatives ; pour d'autres, il y aurait une plus grande satisfaction parmi les couples sans enfant. Le *British Office of Population Census and Survey* (1995) a démontré que le taux de divorce est plus élevé chez les parents d'enfants de moins de 16 ans et plus bas chez ceux de plus de 16 ans. Le taux de divorce des sans-enfants se situait entre les deux.

Toutes les études menées depuis une trentaine d'années sur les femmes sans enfant, vivant seules ou en couple, confirment leur forte implication professionnelle. Dans les années quatre-vingt-dix, on constate qu'elles sont plus nombreuses aussi à travailler (87 % contre 75 %) et qu'elles occupent plus souvent des postes importants, cadres ou managers, que les mères[1] (36 % contre 21 %). En 2000, Elinor Burkett confirme que les femmes *childless* appartiennent à l'élite des Américaines : plus riches, plus indépendantes et mieux éduquées que la mère moyenne. Elle fait même observer que le pourcentage de femmes volontairement *childless* est directement lié à ses diplômes et titres universitaires. Plus ceux-ci sont importants, plus leur travail est intéressant et plus elles font le choix de rester sans enfants : « Seules 10 % des femmes peu diplômées renoncent à la maternité, alors qu'elles sont 19 % parmi celles qui ont deux ans d'université et 28 % chez les plus diplômées[2]. » Pour certains, il n'y a pas lieu de s'en étonner : « Les femmes les plus diplômées ont de meilleurs perspectives économiques et plus d'occasions alternatives d'estime de

1. Jane Cameron, *op. cit.*, p. 23.
2. Elinor Burkett, *The Baby Boon*, 2000, p. 182.

soi que les femmes moins instruites, ce qui laisse à penser que le niveau de diplôme est inversement relié à l'importance de la maternité [1]. » Les auteurs font observer que si les femmes noires ont un plus haut taux de fertilité que les blanches aux États-Unis, cela dépend largement de leur niveau d'instruction. Chez les unes comme chez les autres, l'obtention des meilleurs diplômes va de pair avec une maternité tardive et un taux de fertilité plus bas.

Ce lien entre le niveau d'instruction et la fertilité est observable presque partout [2]. Jürgen Dorbritz

1. Julia Mcquillan, Arthur L. Greil, Karina M. Shreffler, Veronica Tichenor, « The Importance of Motherhood among Women in the Contemporary United States », *Gender & Society*, vol. 22, n° 4, août 2008, p. 480.
2. Les démographes suédois Jan M. Hoem, Gerda Neyer et Gunnar Andersson ont publié un article fort intéressant qui nuance l'affirmation. Selon eux, c'est moins le niveau d'instruction qui serait déterminant que l'orientation professionnelle choisie. Quand les femmes choisissent un métier féminisé (service public, enseignement, monde médicalisé, etc.), elles font plus d'enfants que celles qui investissent les territoires masculins (entreprises privées, métiers aux horaires irréguliers…). Au demeurant, ils font état de contre-exemples à leur hypothèse qui limitent la portée de leur propos. Voir « Education and Childlessness. The Relationship between Educational Field, Educational Level, and Childlessness among Swedish Women Born in 1955-59 », *Demographic Research*, vol. 14, article 15, p. 331-380. Publié le 9 mai 2006.

indique que la cohorte des Allemandes sans enfant nées entre 1955 et 1960 fluctue autour de 30 % et que ce pourcentage est plus important encore chez les femmes les plus diplômées nées après 1960 : 35,3 % pour celles nées en 1964 et 38,5 % pour celles nées en 1965 [1]. Isabelle Robert-Bobée fait le même constat en France [2]. Si 10 % des femmes nées entre 1945 et 1953 n'ont pas eu d'enfant, elles sont 16 % parmi les plus diplômées contre 7 % des peu diplômées. Même si elles sont légèrement moins nombreuses à vivre en couple (elles étaient 91 % contre 96 % parmi les moins diplômées), même en couple, elles ont moins souvent donné naissance à un enfant (8 % contre 4 % pour les femmes peu diplômées). » Les femmes qui avaient fini leurs études six ans plus tard que la moyenne de leur génération sont 20 % à ne pas avoir eu d'enfant (12 % quand elles avaient vécu en couple) contre 12 % pour celles qui ont fini leurs études deux années plus tard que la moyenne.

1. Jürgen Dorbritz, « Germany : Family diversity... », art. cité, p. 570-571. Il se réfère aux données de Microcensuses 1999-2003 (Duschek and Wirth, 2005).
2. « Ne pas avoir d'enfant : plus fréquent pour les femmes les plus diplômées et les hommes les moins diplômés », *France, portrait social*, 2006, p. 181-196.

Isabelle Robert-Bobée suggère que les raisons sont à rechercher du côté de l'articulation entre vie familiale et vie professionnelle, mais elle note aussi que « les femmes les plus qualifiées peuvent espérer une reconnaissance sociale par leur travail alors que cette reconnaissance passerait plutôt par l'acquisition du statut de parent pour les moins qualifiées ». Elle ajoute que d'un point de vue économique, « le coût d'opportunité associé à la naissance d'un enfant est plus élevé pour les femmes cadres et ce, d'autant plus que le salaire est important ». Selon toutes apparences, leurs activités professionnelles les épanouissent suffisamment pour qu'elles ne rêvent pas d'autre chose, même si elles ont tous les moyens de faire garder un enfant.

Si cette tendance se confirmait, verra-t-on un jour la maternité à la charge ou l'apanage des moins favorisées culturellement, socialement, professionnellement ? Ou comme le souligne le démographe américain, Phillip Longman, des femmes les plus religieuses, les plus traditionnelles et conservatrices [1] ? Ce dernier prédit un retour au patriarcat, seul « régime culturel » capable de maintenir un haut

1. Phillip Longman, « The Return of Patriarchy », *Foreign Policy*, 1er mars 2006.

taux de fertilité, nécessaire à la survie des nations et au paiement des retraites. Il croit en voir les prémisses dans le retour du religieux aux États-Unis et le comportement des musulmans pratiquants. Mais ce conservateur impénitent semble totalement ignorer tant la montée en puissance de l'individualisme que le profond impact de la révolution féministe.

Un style de vie critiqué et envié

Aujourd'hui encore, la tendance est forte de considérer l'infertilité comme un échec de la féminité. La femme qui n'a pas d'enfant est soit à plaindre soit à blâmer. Comme le note la sociologue Pascale Donati, « la non-procréation est un écart à la norme [1] » qui a un coût : la désapprobation sociale. Après enquête (entretiens biographiques) auprès de trente femmes (40-50 ans) et de trente hommes (45-55 ans) qui n'ont pas procréé, elle conclut : « Quand on est sans enfant alors qu'on aurait pu en avoir, il vaut mieux être un homme plutôt qu'une femme, vivre seule plutôt qu'en couple et ne pas trop montrer que l'on est une femme épanouie. Dans cette gradation, être une

---

1. « La non-procréation : un écart à la norme », *Informations sociales*, 2003, n° 107, p. 44-51.

femme mariée qui a fait le choix de ne pas être mère est le plus suspect [...]. Notre société définit un temps légitime pour l'amour autosuffisant, celui de la rencontre et de la mise en couple. Mais ce temps doit être dépassé et ouvrir sur le désir d'un lien plus altruiste : celui de la parentalité. La femme qui refuse d'être mère n'aime-t-elle pas trop l'amour [1] ? » Les stéréotypes négatifs abondent concernant ces femmes : égoïstes, incomplètes, mal dans leur peau, immatures, matérialistes, carriéristes [2], etc.

La non-mère est constamment sommée de se justifier, comme si à l'inverse toutes les mères, elles, n'avaient jamais eu de problèmes ni de profil psychologique inquiétant, note Émilie Devienne [3]. Elle est l'objet de pressions de la part de ses parents, de sa famille, de ses amis (parents), de ses collègues de bureau... bref, de la société tout entière. Au point qu'on peut légitimement se demander s'il ne vaudrait pas mieux parler de « devoir » plutôt que de « désir d'enfant [4] ».

1. *Ibid.*, p. 49-50.
2. Joshua M. Gold et Suzanne Wilson, « Legitimizing the Child-Free Family... », art. cité, p. 71.
3. *Être femme sans être mère, op. cit.*, p. 32-38.
4. *Ibid.*, p. 56.

Pourtant de nombreux indices montrent que le style de vie des non-parents est souvent secrètement envié par les parents. L'agressivité de ces derniers n'en est pas le moindre signe. Pourtant, si quelques-uns l'avouent franchement dans le cadre intime d'un tête-à-tête amical [1] ou d'une enquête avec une inconnue, la plupart des parents qui regrettent de l'être ne s'autorisent pas à le dire. Comment reconnaître que l'on a fait trop de sacrifices pour les bénéfices affectifs et autres qu'on en a tirés ? Cet aspect calculateur et égoïste de la parentalité, et pire, de la maternité, n'est tout simplement pas admissible, donc pas dicible. La société n'est toujours pas prête à entendre que s'il y a des parents heureux, il y en a d'autres, à la fois frustrés et amers, qui auraient peut-être mieux fait de s'abstenir... Reste que l'acceptation de la femme non-mère a quand même évolué depuis vingt ans et qu'Odile Bourguignon avait bien raison d'annoncer dès 1987 : « [Il est] probable que les femmes qui ne veulent pas avoir d'enfant auront bientôt l'autorisation culturelle

1. Voir Mardy S. Ireland, *Reconceiving Women, op. cit.*, p. 157 et Jane Bartlett, *Will you be Mother ?, op. cit.*, p. 115. Cette dernière remarque : « Les *childfree* ont souvent le sentiment que les mères sont jalouses d'elles et parfois ces dernières leur confient qu'elles adorent leurs enfants, mais que si c'était à refaire elles n'en auraient pas car ils lui ont coûté trop de sacrifices. »

de ne plus en faire, abandonnant la maternité à celles-là seules qui la souhaitent [1]. »

À LA RECHERCHE D'UNE NOUVELLE
DÉFINITION DE LA FÉMINITÉ

Nombre de démographes et sociologues français ou étrangers prévoient une augmentation future des *childless* par choix. « Il est probable que parmi les jeunes cohortes de femmes [Françaises], celles qui n'auront pas d'enfant augmenteront, mais de façon limitée : 11 % sont prévus pour celles nées en 1970 [2]. » Cette faible augmentation prévue chez les Françaises et les Scandinaves tranche avec les prévisions concernant le reste de l'Europe. L'Anglaise Rosemary Gillespie souligne la tendance grandissante chez les femmes à rester sans enfant [3] et

1. « La question de l'enfant », *L'Année sociologique*, 1987, 37, p. 93-118. Cité par Pascale Donati, *Ne pas avoir d'enfant, op. cit.*, p. 14.
2. Laurent Toulemon *et al.*, « France : High and Stable Fertility », *op. cit.*, p. 516.
3. Voir « Voluntary Childlessness in the United Kingdom », *Reproductive Health Matters*, vol. 7, n° 13, mai 1999, p. 43-53 ; « When No Means No : Disbelief, Disregard and Deviance as Discourses of Voluntary Childlessnes », *Women's Studies International Forum*, vol. 23, n° 2, 2000, p. 223-

estimait en 2003 à 25 % le nombre d'Anglaises nées en 1973 qui seraient *childless*[1]. Des chiffres du même ordre sont avancés pour l'ex-Europe de l'Est et celle du Sud. Mais ils dépendent de plusieurs inconnues : l'optique rationaliste des coûts et bénéfices de la parentalité peut-elle supplanter le goût de l'aventure et de l'expérience parentale ? L'influence de politiques familiales plus favorables à l'égalité des sexes et l'évolution vers un modèle maternel moins contraignant peuvent démentir les prévisions. Pour autant, contrairement aux espérances de Phillip Longman, il est peu crédible d'imaginer un retour au système patriarcal.

En revanche, même si la proportion de femmes *childless* devait rester ce qu'elle est aujourd'hui, nous ne pourrions échapper à la nécessité de rompre avec la définition traditionnelle de la féminité. Pour un nombre significatif d'entre elles la maternité n'est plus son accomplissement. Non seulement elles rejettent l'essence maternelle traditionnelle de la

---

234 ; « Contextualizing Voluntary Childlessness within a Postmodern Model of Reproduction », *Critical Social Policy*, vol. 21, n° 2, 2001, p. 139-159 ; « Childfree and feminine », *Gender & Society*, vol. 17, n° 1, février 2003, p. 122-136.
1. Rosemary Gillespie cite les prévisions de *Social Trends* 2000 dans l'article de 2003.

féminité, mais elles se pensent même plus féminines que les femmes épanouies dans leur maternité. Pour les unes, les activités liées à la maternité sont désexualisantes [1] et donc déféminisantes. La maternité est associée à des « sacrifices », à la perte de leur identité féminine. Pour les autres, le désir d'enfant leur est totalement étranger et la notion même d'instinct maternel n'a aucun sens. Pour autant, il serait aberrant de les exclure de la gente féminine ou de s'en tenir au diagnostic pathologique comme on le faisait encore hier.

Pour certaines spécialistes de la question, comme la psychologue américaine Mardy Ireland ou l'anglaise Rosemary Gillespie, ces femmes incarnent la troisième étape du féminisme. Des pionnières en quelque sorte. La première fait observer que « les années soixante-dix avaient donné naissance au concept d'androgynie, fondé sur une définition des caractéristiques humaines propres à un sexe ou à l'autre, l'androgyne exhibant des caractéristiques des deux rôles sexuels. À partir des années quatre-vingt-dix, on s'interroge de plus en plus pour savoir si ces caractéristiques humaines doivent être dichotomisées et définies par l'attribution à un genre [2]. »

1. Rosemary Gillespie, 1999, p. 49-50.
2. Mardy S. Ireland, *Reconceiving Women, op. cit.*, p. 6.

Selon Catherine Hakim, la réponse est non. Les *childfree,* dit-elle, prouvent qu'il n'y a pas de caractéristiques absolues ou essentielles des femmes qui les distinguent des hommes [1].

Le propos fera horreur à tous ceux qui redoutent plus que tout la confusion et la ressemblance des sexes. À ceux aussi qui excipent de la femelle mammifère pour rappeler la femme à ses devoirs maternels. Qu'on le veuille ou non, la maternité n'est plus qu'un aspect important de l'identité féminine et non plus le facteur nécessaire à l'acquisition du sentiment de plénitude du soi féminin.

Grâce ou à cause de la contraception, le monde des femmes se scinde et se diversifie. Ne pas vouloir en prendre acte relève de la cécité.

---

1. *Work-Lifestyle Choices in the 21st Century, op. cit.*, p. 82. Voir aussi le courant *queer* théorisé par les travaux de Judith Butler.

CHAPITRE VII

LE CAS DES FRANÇAISES

Les mères françaises ont bien mauvaise réputation. Elles le doivent à une pratique ancestrale jugée contraire à la nature et à la morale : la séparation de corps précoce avec le bébé. Il y a quatre siècles, elles confiaient leurs nouveau-nés à des nourrices lointaines ; aujourd'hui, elles les « abandonnent » à la crèche ou aux bras d'une nounou. À lire les statistiques, il faut bien reconnaître qu'elles ne sont pas enthousiastes à l'idée de rester allaiter à la maison. Ce comportement étrange qui tranche avec celui de la plupart de leurs semblables a suscité nombre de réprobations, tant chez les psychologues que chez les anthropologues. Parmi ces derniers, l'un des maîtres de la discipline, Bronislaw Malinowski, n'hésitait pas, dès les années vingt, à parler de « notables aberrations » à leur propos.

« Au moment de la naissance, les impulsions instinctives de la mère sont approuvées et renforcées par la société qui, par bien des coutumes, règles morales, et idéaux, fait de la mère la nourrice de l'enfant, et cela aussi bien dans les classes supérieures et inférieures de la société, dans presque toutes les nations européennes. Pourtant, même vis-à-vis d'une relation aussi fondamentale, aussi biologiquement affirmée, il est des sociétés chez qui la coutume et le relâchement des impulsions instinctives donnent lieu à de *notables aberrations*. Tel ce système qui consiste à se défaire de l'enfant pendant la première année de sa vie en le confiant à une nourrice mercenaire. Cette coutume fut, à un certain moment, très répandue parmi les classes moyennes en France ; tel encore ce système presque aussi regrettable de protéger les seins de la mère en louant une nourrice ou en nourrissant l'enfant par l'allaitement artificiel... [1]. »

1. Bronislaw Malinowski, *La Sexualité et sa répression dans les sociétés primitives* [1921], p. 19-20 de l'édition de 1932. Ce texte est cité par la psychanalyste Hélène Deutsch et repris à son compte dans le vol. II de *Psychologie des femmes, Maternité*, p. 2-3.

Pascale Pontoreau affirmait plus récemment que « le concept *bonne mère* n'existait pas [1] » dans la France traditionnelle. Mais à y regarder de plus près, le propos s'applique peut-être encore aujourd'hui. La majorité des mères rechignent à s'arrêter de travailler toute la première année de la vie de leur enfant. Elles les confient à des étrangères et usent toujours massivement du biberon. Les cérémonies publiques de « Grande Tétée » collective [2] n'attirent que sourires, haussements d'épaules ou sarcasmes. Pourtant, ce sont bien les femmes qui allaitent qui sont conformes à l'image éternelle de la bonne mère, sans conteste dans l'air du temps. De la « mère indigne » du XVIIIe siècle à la « mère médiocre » du XXIe siècle, il y a une sorte de filiation qui en dit long sur le statut social de la femme française. Une constante qui peut expliquer en partie un phénomène qui interpelle tous les démographes, à savoir : la belle natalité française. Non seulement les femmes paraissent peu attirées par le

---

1. *Op. cit.*, p. 30.
2. Pour inciter les femmes à allaiter, à la demande et en tous lieux, les adeptes de la Leche League organisent depuis 2006 dans toutes les grandes villes de France une journée d'allaitement public. En 2006, elles étaient 500 mères à y participer ; en 2009, 2 200 selon *Le Parisien* du 12 octobre et 2 400 selon les organisatrices.

mode de vie *childless*, mais ce sont celles qui ont la réputation d'être les plus nonchalantes à l'égard des devoirs maternels qui font le plus d'enfants. Cet apparent paradoxe trouve son explication par un retour à l'histoire.

MÈRES « MÉDIOCRES », MAIS MÈRES...

On a vu que si les Scandinaves étaient les championnes d'Europe de l'allaitement, les Françaises, elles, figuraient au dernier rang du palmarès [1]. Comme les Nordiques, elles comptent parmi les femmes qui ont le plus haut taux d'activité professionnelle en Europe avec cependant une particularité qui les distingue : les mères des jeunes enfants continuent de travailler à plein temps, et notamment après la naissance du premier enfant. Avec le second et surtout le troisième, leur nombre décline : près de 50 % des mères d'un enfant travaillent à temps plein contre 25 % des mères de trois enfants ou plus [2]. Contrairement aux Scandinaves et aux

1. Voir *supra*, p. 129.
2. Olivier Thévenon, « Les politiques familiales des pays développés : des modèles contrastés », *Population & Sociétés*, n° 448, septembre 2008.

Hollandaises qui utilisent massivement la possibilité du travail à temps partiel, les mères françaises, dans leur majorité, y voient plus une contrainte qu'un avantage. Seules 22 % des femmes âgées de 20 à 49 ans travaillent à temps partiel : 21 % des mères d'un enfant, 32 % de celles de deux enfants et 45 % de celles de trois enfants. Au total, peu de femmes voudraient travailler moins : on ne compte que 9 % des 20-49 ans qui souhaiteraient bénéficier d'un temps partiel[1]. À l'inverse des pays du Nord, le temps partiel est en France plus subi que choisi. Il est souvent signe de précarité et sert davantage de variable d'ajustement aux entreprises qu'à soulager les mères de famille.

Le taux de fécondité des Françaises est une curiosité pour les démographes du monde entier. Estimé en dernier lieu par l'INSEE à 2,07 enfants par femme, il est pour l'année 2008 le plus haut de l'Europe des vingt-sept[2]. Le directeur de l'INED,

1. Laurent Toulemon, Arianne Pailhé et Clémentine Rossier, « *France : High and Stable Fertility* », juillet 2008, *op. cit.*, p. 533.
2. Prévisons de l'INSEE publiées en août 2009. Seules les Islandaises, avec 2,1 enfants par femme font mieux. Mais ces dernières n'ont pas encore intégré l'espace européen. L'indice synthétique de fécondité de l'Irlande est de 2,0 ainsi que celui des Norvégiennes, alors que la moyenne européenne

François Héran, suggère trois facteurs d'explication à cette « exception française ». L'école maternelle gratuite qui accueille les enfants de trois ans (et parfois moins) ; un modèle conjugal souple et diversifié : la majorité des enfants naissent aujourd'hui hors mariage et sont bien acceptés [1] ; enfin, de plus en plus de femmes envisagent une grossesse après quarante ans [2]. Tout ceci va de pair avec une autre particularité : la France est « championne du monde » en matière de pratique contraceptive [3]. En 1997, sur 100 femmes en couple, âgées de 15 à 49 ans et ne souhaitant pas être enceintes, 80 déclaraient utiliser une méthode contraceptive. Chiffre très supérieur à la moyenne mondiale (58 %) et légèrement au-dessus de la moyenne des pays d'Europe et d'Amérique du Nord (72 %). Ceci

---

est de 1,5 enfant par femme. Voir Gilles Pison, « Tous les pays du monde (2009) », *Population & Sociétés*, n° 458, juillet-août 2009.

1. *Le Figaro*, 24 août 2009. En 1994, 275 248 enfants étaient nés hors mariage contre 465 526 dans le mariage. En 2008, ils étaient la majorité : 435 156 contre 393 248.

2. *Ibid.*

3. Magali Mazuy, *Être prêt-e, être prêts ensemble ?*, thèse de doctorat soutenue en septembre 2006, p. 153-154. Les statistiques citées sont issues d'un article de Henri Leridon et Laurent Toulemon, « La régulation des naissances se généralise », *Cahiers de l'Ined*, 2002, n° 149, p. 477-495.

n'empêchant toutefois pas les Françaises, contrairement aux Irlandaises catholiques, de conserver un taux élevé d'avortements : plus de 210 000 par an. Enfin, le mystère de la fécondité gauloise s'épaissit lorsqu'on lit sous la plume de Laurent Toulemon *et al.* que le haut niveau de fertilité n'est pas dû, comme on le suppose souvent, à la population immigrée : « Cette hypothèse n'est pas valide : le niveau total de fertilité en France dans les années quatre-vingt-dix aurait été diminué de 0,07 enfant par femme si on n'avait compté que les femmes nées en France. En outre, les filles d'immigrés nées en France ont exactement la même fertilité totale que celle des mères nées elles-mêmes en France [1]. »

Les mêmes démographes expliquent en dernier ressort le phénomène français par sa politique familiale assez originale et même inclassable aux dires de certains. Incontestablement généreuse puisque les dépenses totales pour les familles s'élèvent à 3,8 % du PIB (compte tenu des aides fiscales), et placent la France au 3e rang des pays de l'OCDE, où la moyenne est de 2,4 % [2], elle est pourtant moins aboutie qu'au Danemark ou en Islande. Plus

1. Toulemon, Pailhé et Rossier, *op. cit.*, p. 522.
2. Olivier Thévenon, « Les politiques familiales », *Population & Sociétés, op. cit.*

diversifiée que d'autres, notre politique de la famille accorde également une aide, non négligeable (bien qu'insuffisante), aux mères qui choisissent d'interrompre leur activité professionnelle pour s'occuper de leur enfant de moins de trois ans. Après l'APE (Allocation parentale d'éducation) créée en 1985 pour aider les parents de trois enfants, la PAJE (Prestation d'accueil du jeune enfant), depuis 2004, étend cette aide en permettant aux parents (en vérité aux mères) d'interrompre leur activité dès la naissance du premier enfant pour une période de six mois. Ce « système d'aides dual qui est mis en place [pour aider] à la fois les parents ayant recours à un mode de garde pour conserver leur activité professionnelle, et les mères qui au contraire décident d'interrompre cette dernière pour s'occuper du jeune enfant [1] », est respectueux de la diversité des choix maternels. On le trouve aussi en Finlande, en Norvège et même en Autriche, pays où pourtant le taux de fertilité reste bas.

Pour autant, la politique familiale française n'est pas la meilleure du monde. Il lui manque deux sérieux atouts pour convaincre les femmes de faire plus d'enfants. En dépit du nouveau congé de

1. *Ibid.*

paternité[1], elle ne propose pas grand-chose pour inciter les pères à mieux partager le travail domestique et les soins de l'enfant avec leur compagne, alors que les pays scandinaves font des efforts en ce sens. De plus, les femmes, plus chômeuses que les hommes, ne sont guère aidées sur le marché du travail et la politique des horaires aménagés pour les mères qui ont une activité professionnelle reste tragiquement insuffisante. Enfin trouver une place de crèche dans un quartier ou une nounou aux horaires compatibles avec ceux de la mère relève encore souvent du tour de force. Les mères françaises sont certes des privilégiées par rapport à d'autres, mais leur situation est loin d'être idyllique. Ce qui laisse à penser que la politique familiale, fût-elle la plus aboutie, comme dans les pays du Nord, ne peut pas à elle seule rendre compte de la réalisation ou non du désir d'enfant[2].

---

1. Depuis le 1ᵉʳ janvier 2002, les pères ont droit à deux semaines (trois dans le cas de naissances multiples) de congés rémunérés à la naissance d'un enfant.
2. La preuve *a contrario* nous est donnée par les États-Unis. Dans ce pays, la politique familiale est beaucoup moins généreuse que dans la plupart des pays européens et cependant la natalité y est nettement plus haute.

UNE TRADITION ANCESTRALE :
LA FEMME AVANT LA MÈRE

Il faut remonter plusieurs siècles en arrière pour tenter de comprendre le comportement actuel des Françaises. Depuis le XVIIe siècle et surtout le XVIIIe, le modèle idéal féminin est loin de s'épuiser dans la maternité. Au contraire, il tient celle-ci à distance respectable. La maternité était un devoir nécessaire pour transmettre le nom et les biens de l'époux, mais il n'était pas suffisant pour définir une femme digne de ce nom. On peut même dire que les soins du maternage étaient jugés incompatibles avec les devoirs de la femme et de l'épouse distinguée. Les aristocrates, libérées des soucis matériels, furent les premières à pratiquer l'art de vivre sans enfant. Dès le XIIIe siècle, elles refusent de donner le sein et font appel à des nourrices mercenaires [1]. Au XVIIe siècle, ce fut au tour des femmes de la haute bourgeoisie de placer systématiquement leurs enfants, à peine nés, chez des nourrices. Mais c'est au XVIIIe siècle que le phénomène s'étend dans

1. L'ouverture du premier bureau de nourrices à Paris date de cette époque.

toutes les couches de la société urbaine [1]. Des plus pauvres aux plus riches, dans les petites ou les grandes villes, le départ des enfants en nourrice – parfois très loin du domicile parental – est une pratique généralisée. Si les mères les plus démunies, contraintes de travailler hors de chez elles pour survivre, n'avaient pas le choix, il n'en était pas de même des femmes des classes plus aisées, celles justement qui rêvaient de se conformer au modèle de la femme accomplie.

Au XVIIIe siècle, cette dernière est dans l'ordre d'importance : une épouse, une personne qui a des devoirs sociaux et une mère. Or l'allaitement et les soins des enfants sont des obstacles aux deux premières priorités. Outre que les femmes (et leurs familles) qui se croyaient au-dessus du vulgaire pensaient qu'il était peu glorieux d'allaiter elles-mêmes, que l'allaitement était aussi ridicule que dégoûtant [2], les maris et pères ont eu également leur part

1. Elisabeth Badinter, *L'Amour en plus, op. cit.*, 1980, p. 52-136. À Paris, le lieutenant général de police Lenoir comptait en 1780 que sur les 21 000 enfants qui naissaient annuellement, moins de 1 000 étaient nourris par leur mère, 1 000 étaient allaités par une nourrice à domicile et tous les autres étaient expédiés chez des nourrices à la campagne. À Lyon, Prost de Royer faisait le même constat.
2. *Ibid.*, p. 85. Le mot « ridicule » revient souvent dans les correspondances et les mémoires de l'époque. Mères, belle-mères et sages-femmes déconseillaient à la jeune mère de

de responsabilité dans le rejet de l'allaitement… et de l'enfant. Ce dernier était une gêne à leur plaisir. Non seulement certains se plaignaient de la forte odeur de lait de leur épouse, mais les médecins de l'époque proscrivaient les rapports sexuels durant toute la durée de l'allaitement (après les avoir inter- dits durant la grossesse). On pensait à l'époque que le sperme gâtait le lait et le faisait tourner. Ce qui contraignait le père à une longue période d'absti- nence et risquait de lui faire fuir le lit conjugal pour quelques adultères. Famille, belle-famille, médecins et moralistes pensant la cohésion familiale menacée, conseillaient donc d'une même voix à la nouvelle mère de remettre l'enfant à une nourrice. Toute la société approuve cette pratique et les femmes elles- mêmes ne paraissent pas s'en plaindre. Au contraire, nombre de témoignages de l'époque montrent qu'elles s'en félicitent. Car, outre que le petit enfant est un obstacle à leur vie sexuelle, il est aussi, à tout âge, une gêne à leurs plaisirs et leur vie mondaine.

---

nourrir elle-même, car il n'était pas convenable pour une dame de qualité de sortir la mamelle à chaque instant pour nourrir le bébé. Outre que c'était donner là une image ani- malisée de la femme « vache à lait », le geste manquait de pudeur. La mère qui allaitait devait donc se cacher du monde et brisait pour un long moment sa vie sociale.

Lorsque l'enfant revenait de chez sa nourrice, il était aussitôt confié à une autre mercenaire, la gouvernante (puis le précepteur pour le garçon), avant d'être envoyé vers huit ou dix ans dans des internats et des couvents pour les filles.

Force est de constater que les devoirs maternels sont réduits à peu de choses au siècle des Lumières. S'occuper d'un enfant est peu valorisant pour la mère et le détail des soins à lui donner ne paraît pas offrir de grandes satisfactions. Celles qui placent leur tranquillité et leurs plaisirs au premier rang adhèrent au petit poème de Coulanges :

Fut-il jamais rien moins charmant
qu'un tas d'enfants qui crient ?
L'un dit papa, l'autre dit maman
et l'autre pleure après sa mie.
Et pour avoir cet entretien
vous êtes marqués comme un chien.

Pour les femmes les plus favorisées, leur épanouissement se réalise dans la vie mondaine : recevoir et rendre des visites, montrer une nouvelle robe, s'afficher à la promenade, courir aux spectacles. La mondaine joue tous les soirs jusqu'aux premières heures du matin. Elle aime alors « à jouir d'un sommeil tranquille, ou qui ne soit du moins interrompu que par le plaisir [1] ». « Et midi la trouve au lit [2]. » Aucune mauvaise conscience ne la tenaille puisque l'entourage admet la nécessité de la vie sociale et que les médecins eux-mêmes en reconnaissent le bien-fondé, tel Moreau de Saint-Élier qui affirmait au milieu du XVIIIe que le soin des enfants « est une charge embarrassante... dans la société ». Peu à peu, se débarrasser de son enfant devint une marque de distinction sociale. Les petites bourgeoises, femmes de négociant ou du juge local, guère sujettes aux mondanités, s'empressèrent de copier leurs sœurs plus favorisées. À défaut d'une vie sociale brillante, elles pouvaient acquérir ce premier signe d'un statut envié en se débarrassant elles aussi de leurs responsabilités maternelles sur des mercenaires. Mieux valait ne rien faire du tout plutôt que de paraître occupée d'objets aussi insignifiants. Résultats : à l'époque où n'existait nul substitut du lait maternel et où les conditions d'hygiène étaient effroyables, les petits enfants mouraient comme des mouches. La mortalité des enfants de moins d'un an était sensiblement supérieure à 25 % et près d'un enfant sur deux

1. François-Vincent Toussaint, *Les Mœurs*, 1748.
2. Madame Leprince de Beaumont, *Avis aux parents et aux maîtres sur l'éducation des enfants*, 1750.

n'atteignait pas sa dixième année [1]. Mais ces statistiques doivent être modulées en fonction du mode de nourrissage. En règle générale, les enfants gardés et nourris par leur mère mouraient deux fois moins que ceux mis en nourrice : entre 11 et 18 % selon les régions et leur salubrité.

Ce phénomène qui n'a jamais cessé de choquer les spécialistes de la famille et plus encore la sensibilité commune ne tient pas seulement au fait que la société n'accordait pas encore à l'enfant la place qu'on lui connaît. Il s'explique aussi par le désir des femmes de se définir en tant que telles et de s'émanciper d'une fonction maternelle dont personne ne leur savait vraiment gré. Au XVIIIe siècle, libérée des fardeaux propres à la condition féminine commune, la Française des classes les plus favorisées est avec l'Anglaise la femme la plus libre du monde [2]. Contrairement à ses sœurs méditerranéennes, elle a toute liberté d'aller et venir et d'entretenir commerce avec le monde. Mieux, sa

1. François Lebrun, « 25 ans d'études démographiques sur la France d'Ancien Régime. Bilans et perspectives », *Historiens et géographes*, octobre 1976.
2. Voir l'abbé de Pure, *La Précieuse* : « La plus grande des douceurs de notre France est celle de la liberté des femmes ; et elle est si grande dans tout le royaume que les maris y sont presque sans pouvoir et que les femmes y sont souveraines. »

présence et son esprit sont les ingrédients nécessaires d'une sociabilité raffinée. Dans les grandes
villes, elle tient salon et cherche à réunir autour
d'elle les hommes et les femmes qui comptent. Pour
y réussir, il ne lui suffit pas de faire régner une
galanterie de bon aloi, il lui faut aussi connaître l'art
subtil de la conversation et se tenir au courant des
événements culturels. Certaines en tirent une certaine renommée locale et d'autres une véritable
gloire qui leur vaut une postérité. Celles qui
incarnent la distinction féminine et qui laissèrent
un nom au XVIIIe siècle sont des femmes de culture
et de savoir, parfois sans enfant ou ayant accompli
le service maternel minimum : mettre au monde et
marier le mieux possible leur progéniture.

Nos aïeules du siècle des Lumières nous ont légué
ce modèle peu commun d'une femme émancipée,
déchargée des soucis du maternage et dont l'identité
ne se résume pas à la maternité. En dépit de la
révolution des mœurs intervenue à la fin du XVIIIe
siècle [1], qui perdura jusqu'à l'avènement du féminisme, la société française a toujours conservé un

---

1. Elisabeth Badinter, *L'Amour en plus, op. cit.*, 2e partie,
« Une nouvelle valeur : l'amour maternel ».

point de vue très particulier sur le statut des femmes et leurs devoirs maternels.

La Française d'aujourd'hui

Le triomphe de la philosophie rousseauiste, la montée en puissance de la bourgeoisie et de l'idéologie nataliste de la fin du XIXe siècle, enfin la révolution psychanalytique ont radicalement changé le statut de l'enfant. Devenu un bien précieux et irremplaçable pour la société et ses parents, il appela des soins maternels plus empressés. La femme fut sommée d'être une mère attentive et responsable. Peu à peu, la plupart se mirent à l'allaitement et gardèrent leurs enfants sous le toit parental. Elles passèrent, selon l'expression d'Edmond Shorter, « le test du sacrifice [1] ». Mais cela n'alla pas sans réticences ni résistances dans les milieux aisés, où à défaut de nourrir elles-mêmes, les mères faisaient venir à domicile des nourrices de la campagne. Cette pratique perdura jusqu'à la découverte par Pasteur de la méthode de l'asepsie qui ouvrit la voie à la généralisation du biberon.

---

1. Edmond Shorter, *Naissance de la famille moderne*, 1977, p. 210.

Pourtant ce qui frappe dans l'histoire des mères françaises du XIXe et du XXe siècle, c'est qu'en dépit de l'idéologie dominante de la bonne mère entièrement consacrée à ses enfants, les plus nonchalantes ou indifférentes réussissent fort bien à passer entre les mailles du filet. Il fallait être une véritable marâtre, telle la mère de *Poil de carotte*[1], pour encourir l'opprobre. En dépit des avertissements solennels des médecins contre le biberon et pour l'allaitement naturel[2] jusqu'au lendemain de la Seconde Guerre mondiale, nombre de mères firent la sourde oreille avec l'approbation du père. Le biberon, qui triomphe après la guerre, sera considéré comme une solution de compromis visant à concilier les intérêts personnels de la femme et ceux de la mère. Le biberon, c'est la possibilité d'aller et venir et de se faire remplacer auprès du petit enfant. C'est donc la liberté rendue à celles qui le souhaitent de mener de front leur vie de mère et de femme. En ce début du XXIe siècle, la majorité des Françaises reste attachée à la trilogie des rôles : conjugal, maternel et professionnel. Pour elles, la maternité représente un facteur d'épanouissement

1. Célèbre roman de Jules Renard publié en 1894.
2. Geneviève Delaisi de Parseval, Suzanne Lallemand, *L'Art d'accommoder les bébés, op. cit.*, p. 101-105.

nécessaire mais pas suffisant. Elles n'entendent renoncer à rien, pas plus à la maternité, qu'elles connaissent tardivement [1], qu'à leurs autres ambitions.

Si on peut parler du « cas des Françaises », c'est que contrairement à la plupart des Européennes, elles bénéficient depuis longtemps d'une véritable reconnaissance de leur identité féminine en soi. La société du XVIIIe siècle avait très bien admis la mise en nourrice comme celles du XXe et du XXIe siècles trouvent légitime l'usage du biberon et la garde des enfants peu après leur naissance. La crèche et l'école maternelle – invention française – pour les enfants de deux ans et demi-trois ans sont les preuves de l'assentiment social à ce modèle maternel à temps partiel. Ni les mères, ni les belles-mères, ni même les pères n'y trouvent à redire. Il est entendu que c'est à la jeune mère de choisir son mode de vie au mieux de ses intérêts et de ceux de l'enfant. Nulle pression morale ou sociale ne pèse sur elle pour être mère à temps complet, pas même dans l'année qui suit la naissance. La société française a admis depuis longtemps qu'elle n'était pas seule responsable de

1. L'âge moyen du premier enfant frise la trentaine. *Le Monde*, 20 octobre 2009.

l'enfant. À défaut des pères qui se font toujours tirer l'oreille pour partager équitablement les tâches parentales et ménagères [1], c'est l'État qui est jugé coresponsable du bien-être et de l'éducation du nouveau venu. Aux yeux de tous, il a des devoirs envers la mère et l'enfant. Au point même que l'opinion publique est beaucoup plus sévère pour les carences de l'État et l'insuffisance des gardes d'enfant que pour celles supposées de la mère et plus encore des pères.

Cet état d'esprit collectif, à la fois libéral et déculpabilisant, joue certainement un rôle positif dans la décision de procréer. Plus on allège le poids des responsabilités maternelles, plus on respecte les choix de la mère et de la femme, et plus celle-ci sera encline à tenter l'expérience, voire à la renouveler. Soutenir la maternité à temps partiel, que d'aucuns considèrent pourtant comme insuffisante et donc coupable, est aujourd'hui la voie royale de

---

1. Pour l'anglaise Jane Bartlett, l'égalité du partage des tâches est un facteur clé de la reproduction. Voir *Will You Be Mother ?, op. cit.* Selon les dernières enquêtes, les pères n'ont pas progressé depuis vingt ans. Ce sont toujours les mères qui assument les quatre cinquièmes des tâches ménagères. Voir Arnaud Régnier-Loilier, « L'arrivée d'un enfant modifie-t-elle la répartition des tâches domestiques au sein du couple ? », *Population & Sociétés*, n° 461, novembre 2009.

la reproduction. En revanche, exiger de la mère qu'elle sacrifie la femme qui est en elle ne peut que retarder plus encore l'heure de la première maternité et même la décourager.

Jusqu'à quand ?

On l'aura compris, il se livre depuis près de trois décennies une véritable guerre idéologique souterraine dont on ne mesure pas encore pleinement les conséquences pour les femmes. Le retour en force du naturalisme, remettant à l'honneur le concept bien usé d'instinct maternel et faisant l'éloge du masochisme et du sacrifice féminins, constitue le pire danger pour l'émancipation des femmes et l'égalité des sexes. Les partisans de cette philosophie, plusieurs fois millénaire, détiennent une arme incomparable pour faire évoluer les mœurs dans la direction qu'ils souhaitent : la culpabilité des mères. L'histoire nous a déjà offert un exemple éclatant de la méthode, lorsque dans la seconde partie du XVIIIe siècle, Rousseau, soutenu par les moralistes, les philanthropes, les natalistes et les médecins, parvint à convaincre les femmes et toute la société de réinvestir la fonction maternelle. L'argument du retour à la nature enthousiasma les unes et culpabilisa les autres [1]. Le discours moralisateur adressé à Sophie, future épouse d'*Émile*, fut bien entendu des femmes, et en particulier de celles qui n'avaient rien à perdre. La mère admirable : enfin une fonction qui rehaussait le statut féminin !

La donne n'est plus exactement la même aujourd'hui. Les femmes jouent un rôle considérable dans la société et si elles rentraient toutes à la maison durant les deux ou trois ans conseillés après la naissance de chaque enfant, il est probable que l'économie du pays s'en ressentirait et certain que l'emploi des femmes en souffrirait. Pourtant si l'hypothèse d'un retour massif à la maison est inenvisageable, le discours culpabilisateur fait son chemin dans les esprits. À force d'entendre répéter qu'une mère doit tout à son enfant, son lait, son temps et son énergie, sous peine de le payer fort cher par la suite, il est inévitable que de plus en plus de femmes reculent devant l'obstacle.

En vérité le naturalisme n'a pas de pire ennemi que l'individualisme hédoniste. À part celles qui trouvent leur plein épanouissement dans la maternité prônée par le premier, toutes les autres feront de plus en plus un jour ou l'autre le calcul des plaisirs et des

1. Elisabeth Badinter, *L'Amour en plus, op. cit.,* p. 195-231.

peines. D'un côté, une expérience irremplaçable, l'amour donné et rendu, l'importance de la transmission et de la continuité de la vie ; de l'autre, les frustrations et le stress quotidien, le sacrifice de soi, les conflits inévitables et parfois le sentiment de l'échec avec la culpabilité qui en découle. Les vieux parents abandonnés par leurs enfants ne sont pas un épiphénomène. Contrairement à ce que l'on veut nous faire croire, l'amour ne va jamais de soi, même celui de la mère à l'égard des enfants, lesquels, devenus adultes, n'ont rien à rendre à leurs parents déficients. En effet, on ne peut donner que ce que l'on a reçu...

L'individualisme hédoniste veut les plaisirs sans les peines, ou à tout le moins privilégier les premiers sur les secondes. Si près d'un tiers des Allemandes (de l'Ouest) restent sans enfant, c'est que le compte n'y est pas. Et si elles sont 38,5 % parmi les plus diplômées, cela signifie qu'elles trouvent à se réaliser ailleurs que dans la maternité, *telle qu'on la leur impose*. Que les tenants de la maternité idéale (à leurs yeux) en tirent les conséquences avant qu'il ne soit trop tard.

Pour l'heure, les Françaises échappent au dilemme du tout ou rien. Elles avaient déjà bien résisté aux oukases de certains pédiatres ; tiendront-elles face à ceux des naturalistes, solidement soutenus par les plus respectables institutions mondiales, à ceux des médecins et des infirmières qui les prennent en charge dans les maternités ? Sauront-elles imposer leurs désirs et leur volonté contre le discours rampant de la culpabilité ? Bien que les périodes de crise et d'incertitude ne soient guère propices à la résistance et à la rébellion, il semble que les jeunes femmes continuent largement à n'en faire qu'à leur tête.

Jusqu'à quand ?

BIBLIOGRAPHIE

Éliette ABÉCASSIS, *Un heureux événement*, LGF, « Le Livre de Poche », 2005.

Éliette ABÉCASSIS, Caroline BONGRAND, *Le Corset invisible. Manifeste pour une nouvelle femme française*, Albin Michel, 2007.

Revue *Allaiter aujourd'hui*.

Dr Edwige ANTIER, *Attendre mon enfant aujourd'hui*, LGF, « Le Livre de Poche », 1999.

–, *Éloge des mères. Faire confiance à l'instinct maternel pour favoriser l'épanouissement de nos enfants*, Robert Laffont, 2001.

–, *Confidences de parents*, Robert Laffont, 2002.

–, *Vive l'éducation !*, Robert Laffont, 2003.

Marie-Dominique AMY, *Construire et soigner la relation mère-enfant*, Dunod, 2008.

Viviane ANTONY-NEBOUT, *Hôpital ami des bébés. Impact sur l'allaitement. Militantisme ou respect des femmes*. Thèse d'État de docteur en médecine, université de Poitiers, 2007.

Philippe ARIÈS, « L'enfant : la fin d'un règne », in *Finie, la famille ?*, Autrement, 1975, rééd. 1992.

Nathalie AZOULAI, *Mère agitée*, Le Seuil, « Points », 2002.

Elisabeth BADINTER, *L'Amour en plus. Histoire de l'amour maternel. XVIIe-XXe siècle*, Flammarion, 1980 ; nouvelle éd. 2010.

–, « La place des femmes dans la société française », *Lettre de l'OFCE*, n° 245, 12 janvier 2004.

Jane BARTLETT, *Will you be Mother ? Women who Choose to Say No*, New-York University Press, 1994.

Micheline BEAUDRY, « Recréer une culture de l'allaitement », *Le Périscope*, printemps 2002, vol. 61.

Catherine BEILIN-LÉVI, « Le congé parental trop mal rémunéré pour séduire les papas européens », *Courrier cadres*, n° 28, mars 2009.

Dr Pierre BITOUN, « Valeur économique de l'allaitement maternel », *Le Dossier de l'obstétrique*, avril 1994.

Ulla BJÖRNBERG, « Ideology and Choice between Work and Care : Swedish Family Policy for Working Parents », *Critical social policy*, 2002, 22 (1), p. 33-52.

Linda M. BLUM, *At the Breast. Ideologies of Breastfeeding and Motherhood in the Contemporary United States*, Boston, Beacon Press, 1999.

Christina G. BOBEL, « Bounded Liberation. A Focused Study of La Leche League International », *Gender & Society*, vol. 15, n° 1, février 2001, p. 130-151.

Daniela DEL BOCA, Rolf AABERGE, Ugo COLOMBINO, John ERMISCH, Marco FRANCESCONI, Silvia PASQUA, Steinar STRØM, *Labour Market Participation of Women and Fertility : The Effects of Social Policies*, rapport remis à la Fondation de Benedetti en 2003. Disponible sur Internet.

Daniela DEL BOCA, Silvia PASQUA, Chiara PRONZATO, « Why are Fertility and Women's Employment Rates so Low in Italy ? Lessons from France and UK », *Discussion Paper* n° 1274, août 2004, IZA, p. 1-36.

Anne BOULAY, *Mère indigne, mode d'emploi*, Denoël, 2006.

T. Berry BRAZELTON, *Points forts. De la naissance à trois ans*, LGF, « Le Livre de Poche », 1999.

–, *Écoutez votre enfant*, Payot, « Petite Bibliothèque Payot », 2001.

Günter BURKART, « Eine Kultur des Zweifels : Kinderlosigkeit und die Zukunft der Familie », in *Ein Leben ohne Kinder*, Wiesbaden, Verlag für Wissenschaften, 2007, p. 401-423.

Elinor BURKETT, *The Baby Boon. How Family-friendly America Cheats the Childless*, New York, The Free Press, 2000.

Madelyn CAIN, *The Childless Revolution. What it Means to be Childless Today*, Cambridge, Massachusetts, Perseus publishing, 2001.

Jan CAMERON, *Without Issue : New Zealanders who Choose not to Have Children*, Canterbury University Press, 1997.

Annily CAMPBELL, *Childfree and Sterilized*, Londres, Cassel, 1999.

Elaine CAMPBELL, *The Childlessness Marriage. An Exploratory Study of Couples who Do not Want Children*, Londres, Tavistock Publications, 1985.

Leslie CANNOLD, *What, No Baby ? Why Women Are Loosing the Freedom to Mother, and How They Can Get it Back*, Curtin University Books, 2005.

Marlène CARMEL, *Ces femmes qui n'en veulent pas. Enquête sur la non-maternité volontaire au Québec*, Éditions Saint-Martin, 1990.

Pam CARTER, *Feminism, Breasts and Breast-Feeding*, Londres, Palgrave MacMillan, 1995.

Nancy CHODOROW, *The Reproduction of Mothering*, University of California Press, 1978.

Lucia COPPOLA, Mariachiara di CESARE, « How Fertility and Union Stability Interact in Shaping New Family

Patterns in Italy and Spain », *Working Paper,* WP 2007-21, Max Planck Institute for *Demographic Research,* juin 2007.

Waltraud CORNELISSEN, « Kinderwunsch und Kinderlosigkeit im Modernisierungsprozess », *Der Demographische Wandel,* Frankfurt am Main et New York, Campus Verlag, 2006, p. 137-167.

Marie DARRIEUSSECQ, *Le Bébé,* POL, 2002.

Anne-Marie DAUNE-RICHARD, Anita NYBERG, « Entre travail et famille : à propos de l'évolution du modèle suédois », *RFAS,* n°4, 2003, p. 515-527.

Jacques DAYAN, Gwenaëlle ANDRO, Michel DUGNAT, *Psychopathologie et périnatalité,* Masson, 2003.

Vicky DEBONNET-GOBIN, *Allaitement maternel et médecine générale.* Thèse pour le doctorat de médecine soutenue le 26 septembre 2005, université de Picardie Jules-Verne/ faculté de médecine d'Amiens.

Geneviève DELAISI DE PARSEVAL et Suzanne LALLEMAND, *L'Art d'accommoder les bébés,* Le Seuil, 1980 ; rééd. Odile Jacob, 1998.

Christine DELPHY, *L'Ennemi principal 1. Économie politique du patriarcat* et *L'Ennemi principal 2. Penser le genre,* Syllepse, 1998 et 2001.

– , La revue *Questions féministes* (1977-1980), suivie des *Nouvelles Questions féministes* (depuis 1981).

Margarita DELGADO, Gerardo MEIL, Francisco ZAMORA LOPEZ, « Spain : Short on Children and Short on Family Policies », *Demographic Research,* vol. 19, art. 27, juillet 2008, p. 1059-1104.

Geoff DER *et al.,* « Effects of Breastfeeding on Intelligence in Children », *British Medical Journal,* octobre 2006. Sur Internet : http://www.bmj.com

Francine DESCARRIES, Christine CORBEIL (dir.), *Espaces et temps de la maternité*, Québec, Les Éditions du remue-ménage, 2002.

Hélène DEUTSCH, *La Psychologie des femmes*, vol. II, *Maternité*, PUF, 1949, p. 2-3.

Émilie DEVIENNE, *Être femme sans être mère. Le choix de ne pas avoir d'enfant*, Robert Laffont, 2007.

Claude-Suzanne DIDIERJEAN-JOUVEAU, *Anthologie de l'allaitement maternel*, Éditions Jouvence, 2002.

–, *Partager le sommeil de son enfant*, Éditions Jouvence, 2005.

–, Martine LAGANIER, *Maman bio. Mon bébé de la naissance à deux ans*, Eyrolles, 2009.

Pascale DONATI, « Ne pas avoir d'enfant, construction sociale des choix et des contraintes à travers les trajectoires d'hommes et de femmes », *Dossier d'études* n°11, Allocations familiales, août 2000.

–, « La non-procréation : un écart à la norme », *Informations sociales*, n° 107, 2003, p. 44-51.

Jürgen DORBRITZ, « Germany : Family Diversity with Low Actual and Desired Fertility », *Demographic Research*, vol. 19, art. 17, juillet 2008, p. 557-598.

Claude DREUX, Gilles CRÉPIN, « Prévention des risques pour l'enfant à naître », *Bulletin de l'Académie nationale de médecine*, n° 3, 2006, p. 713-724.

Caroline ELIACHEFF, Nathalie HEINICH, *Mères-filles, une relation à trois*, Albin Michel, 2002.

Diane E. EYER, *Mother-Infant Bonding : A Scientific Fiction*, Yale University Press, 1992.

Marian FAUX, *Childless by Choice*, AnchorPress/Doubleday, 1984.

Muriel FLIS-TRÈVES, *Bébé attitude*, Plon, 2005.

Antoinette FOUQUE, *Il y a deux sexes*, Gallimard, « Le Débat », 1995.

Sigmund FREUD, *Nouvelles Conférences sur la psychanalyse*, Gallimard, « Idées NRF », 1971.

Hélène GARNER, Dominique MÉDA, Jamila MOKHTAR, « La place du travail dans l'identité des personnes en emploi », *DARES*, janvier 2004, n° 01.1.

Marcel GAUCHET, « L'enfant du désir », *Le Débat*, n° 132, novembre/décembre 2004, p. 98-121.

Neil GILBERT, *A Mother's Work. How Feminism, the Market and Policy Shape Family Life*, Yale University, 2008.

Rosemary GILLESPIE, « Voluntary Childlessness in the United Kingdom », *Reproductive Health Matters*, vol. 7, n° 13, mai 1999, p. 43-53.

–, « When No Means No : Disbelief, Disregard and Deviance as Discourses of Voluntary Childlessness », *Women's Studies International Forum*, vol. 23, n° 2, 2000, p. 223-234.

–, « Contextualizing Voluntary Childlessness within a Post-modern Model of Reproduction : Implications for Health and Social needs », *Critical Social Policy*, n° 21, 2, 2001, p. 139-159.

–, « Childfree and Feminine », *Gender & Society*, vol. 17, n° 1, février 2003, p.122-136.

Carol GILLIGAN, *Une voix différente*, Flammarion, « Champs », 2008.

Joshua M. GOLD, J. Suzanne WILSON, « Legitimizing the Child-free Family », *The Family Journal : Counseling and Therapy for Couples and Families*, vol. 10, n° 1, janvier 2002, p. 70-74.

Sandra Toll GOODBODY, « The Psychosocial Implications of Voluntary Childlessness », *Social Casework*, 1977, n°58.

Maryse GUERLAIS, « Vers une nouvelle idéologie du droit statuaire : le temps de la différence de Luce Irigaray », *Nouvelles Questions féministes*, n° 16-17-18, 1991.

Colette GUILLAUMIN, *Sexe, race et pratique du pouvoir : l'idée de nature*, Côté-femmes, 1991.

Catherine HAKIM, *Key Issues in Women's Work*, Londres, 1996 ; rééd. Athlone, 2004.

–, *Work-Lifestyle Choice in the 21ˢᵗ Century*, Oxford University Press, 2000.

–, « For Decades We've Been Told Sweden is a Great Place to Be a Working Parent. But We've Been Duped », entretien avec Johanna Moorhead, *The Guardian*, 22 septembre 2004.

Claude HALMOS, *Pourquoi l'amour ne suffit pas*, NIL Éditions, 2006.

Sharon HAYS, *The Cultural Contradictions of Motherhood*, Yale University Press, 1996.

Ursula HENZ, « Gender Roles and Values of Children : Childless Couples in East and West Germany », *Demographic Research*, vol. 19, art. 39, juillet 2008, p. 1451-1500.

Jan M. HOEM, « Why Does Sweden Have Such High Fertility ? », *Demographic Research*, vol. 13, art. 22, novembre 2005, p. 559-572.

Jan M. HOEM, Gerda NEYER, Gunnar ANDERSSON, « Education and Childlessness : The Relationship between Educational Field, Educational Level, and Childlessness among Swedish Women Born in 1955-1956 », *Demographic Research*, vol. 14, art. 15, mai 2006, p. 331-380.

Sarah Blaffer HRDY, *Les Instincts maternels*, Payot, 2002.

Marie-Claude HURTIG, Michèle KAIL, Hélène ROUCH (dir.), *Sexe et genre. De la hiérarchie entre les sexes*, CNRS, 1991, 2ᵉ éd. 2002.

Institut National de Prévention et d'Éducation pour la santé [INPES], *Zéro Alcool pendant la grossesse*, dossier de presse, septembre 2006.

Mardy S. IRELAND, *Reconceiving Women, Separating Motherhood from Female Identity*, New York, The Guilford Press, 1993.

Susan JEFFERS, *I'm Okay, You are a Brat*, Los Angeles, Renaissance Books, 1999.

Sherryl JEFFRIES, Candace KONNERT, « Regret and Psychological Well-Being among Voluntary and Unvoluntary Childless Women and Mothers », *International Journal of Aging & Human development*, 2002, vol. 54, n° 2, p. 89-106.

Muriel JOLIVET, *Un pays en mal d'enfants. Crise de la maternité au Japon*, La Découverte, 1993.

Journal of the American Dietetic Association, mai 2005, vol. 105, n° 5.

Jean-Claude KAUFMANN, *L'Invention de soi*, Armand Colin, 2004.

M. KLAUS, P. JERAULD, N. KREGER, W. MCALPINE, M. STEFFA, J. KENNELL, « Maternal Attachment : Importance of the First Postpartum Days », *New England Journal of Medecine*, 286 (9) mars 1972, p. 460-463.

M. KLAUS, J. KENNEL, « Maternal Infant Bonding : The Impact of Early Separation or Loss on Family Development », Saint-Louis, Mosby, 1976.

–, *Parent-Infant Bonding*, Saint-Louis, Mosby, 1982.

M. KLAUS, J. KENNELL, Ph. KLAUS, *The Doula Book : How a Trained Labor Companion Can Help You Have a Shorter, Easier and Healthier Birth*, Perseus Books, 2002.

Dylan KNEALE, Heather JOSHI, « Postponement and Child-lessness : Evidence from Two British Cohorts », *Demographic Research*, vol. 19, art. 58., novembre 2008, p. 1935-1968.

Elsbeth KNEUPER, « Die natürliche Geburt – eine globale Errungenschaft ? », *in* A. Wolf, Viola Hörbst (éds), *Medizin und Globalisierung : Universelle Ansprüche, lokale Antworten*, Hambourg, Londres, 2003, p. 107-128.

Yvonne KNIBIEHLER, *La Révolution maternelle depuis 1945*, Perrin, 1999.

–, « L'allaitement et la société », *Recherches féministes*, vol. 16, n° 2, 2003, p. 11-33.

Tanya KOROPECKYJ-COX, Gretchen PENDELL, « Attitudes about Childlessness in the United States », *Journal of Family Issues*, vol. 28, n° 8, août 2007, p. 1054-1082.

Pascale KRAMER, *L'Implacable brutalité du réveil*, Mercure de France, 2009.

Michael LAMB, « The Bonding Phenomenon : Misinterpretations and their Implications », *Journal of Pediatrics*, 101, (4), février 1982, p. 555-557.

–, « Early Contact and Maternal-Infant Bonding. One Decade Later », *Journal of Pediatrics*, 70 (5), novembre 1982, p. 763-768.

Leslie LAFAYETTE, *Why Don't You Have Kids ? Living a Full Life Without Parenthood*, New York, Kensington Books, 1995.

La Leche League International. Site Internet : http://www.llli.org/

Leche League, *The Womanly Art of Breastfeeding*, 1958, 7ᵉ éd., 2004, publié par La Leche League International.

Christina LEE, Helen GRAMOTNEV, « Motherhood Plans among Young Australian Women », *Journal of Health Psychology*, vol. 11, n° 1, 2006, p. 5-20.

Gayle LETHERBY, « Mother or Not, Mother or What ? », *Women's Studies International Forum*, vol. 17, n° 5, 1994, p. 525-532.

–, « Other than Mothers and Mothers as Others : The Experience of Motherhood and Non-Motherhood in Relation to "infertility" and "involuntary childlessness" », *Women's Studies International Forum*, vol. 22, n° 3, 1999, p. 359-372.

–, « Childless and bereft ? : Stereotypes and Realities in Relation to "Voluntary" and "Involuntary" Childlessness and Womanhood », *Sociological Inquiry*, vol. 72, n°1, 2002, p. 7-20.

Phillip LONGMAN, « The Return of Patriarchy », *Foreign Policy*, 1er mars 2006.

Jane Maree MAHER, Lise SAUGÈRES, « I Forgot to Have Children », *Journal of the Association for Research on Mothering*, 2004, n° 6, p. 116-126.

–, « To Be or Not To Be a Mother », *Journal of Sociology*, The Australian Sociological Association, vol. 43 (1), 2007, p. 5-21.

Bronislaw MALINOWSKI, *La Sexualité et sa répression dans les sociétés primitives* [1921], édition de 1932.

Joyce L. MARSHALL, Mary GODFREY, Mary J. RENFRE, « Being a "Godmother" : Managing Breastfeeding and Merging Identities », *Social Science & Medecine*, 65, 2007, p. 2147-2159.

Nicole-Claude MATHIEU, *L'Anatomie politique : catégorisations et idéologies du sexe*, Côté-femmes, 1991.

Magali MAZUY, *Être prêt-e, être prêts ensemble ? Entrée en parentalité des hommes et des femmes en France*. Thèse de doctorat en démographie soutenue en septembre 2006, université Paris I Panthéon-Sorbonne.

F. McALLISTER, L. CLARKE, *Choosing Childlessness : Family and Parenthood, Policy and Pratice*, Londres, The Family Policy Studies Centre, 1998.

Julia McQUILLAN, Rosalie A. TORRES STONE, Arthur L. GREIL, « Infertility and Life Satisfaction among Women », *Journal of Family Issue*, vol. 28, n° 7, juillet 2007.

Julia McQUILLAN, Arthur L. GREIL, Karina M. SHREFFLER, Veronica TICHENOR, « The Importance of Motherhood among Women in the Contemporary United States », *Gender & Society*, vol. 22, n° 4, août 2008, p. 477-496.

Françoise MILEWSKI, Hélène PÉRIVIER (éds.), « Travail des femmes et inégalité », *Revue de l'OFCE*, n° 90, juillet 2004, p. 225-258.

Carolyn M. MORELL, *Unwomanly Conduct. The Challenges of Intentional Childlessness*, New York, Routledge, 1994.

Evelyn Nakano GLENN, Grace CHANG, Linda Rennie FORCEY (éd.), *Mothering. Ideology, Experience, and Agency*, New York, Routledge, 1994.

Lyliane NEMET-PIER, *Mon enfant me dévore*, Albin Michel, 2003.

Xavier NIEL, « Six femmes au foyer sur dix aimeraient travailler, mais une sur dix cherche vraiment un emploi », *DARES*, février 1998, n° 09-1.

Joanna NURSEY-BRAY, *Good Wifes and Wise Mothers*, thèse soutenue au Centre des études asiatiques, université d'Adélaïde, 1992.

Livia Sz. OLAH, Eva M. BERN, « Sweden : Combining Childbearing and Gender Equality », *Demographic Research*, vol. 19, art. 28, juillet 2008, p. 1105-1144.

Michel ONFRAY, *Théorie du corps amoureux*, LGF, « Le Livre de Poche », 2007.

Katherine PANCOL, *Moi d'abord*, Le Seuil, 1979, rééd. 1998.

Kristin PARK, « Choosing Childlessness : Weber's Typology of Action and Motives of the Voluntary Childless », *Sociological Inquiry*, 2005, vol. 75, n° 3, p. 372-402.

Laurence PERNOUD, *J'élève mon enfant*, Horay, 2008.

Philosophie Magazine, mars 2009.

Gilles PISON, « France 2008 : pourquoi le nombre de naissances continue-t-il d'augmenter ? », *Population & Sociétés*, n° 454, mars 2009.

Plutarque, *Œuvres morales*, t. I, *Sur l'éducation des enfants*, Paris, Hachette, 1870.

Pascale PONTOREAU, *Des enfants, en avoir ou pas*, Les Éditions de l'Homme, Canada, 2003.

France PRIOUX, « Recent Demographic Development in France : Fertility at a More Than 30-Year High », *Population-E*, 62 (3), 2007, p. 415-456.

–, « L'évolution démographique récente en France : l'espérance de vie progresse toujours », *Population-F*, 63 (3), 2008, p. 437-476.

Alexia PRSKAWETZ, Tomas SOBOTKA, Isabella BUBER, Henriette ENGELHARDT, Richard GISSER, « Austria : Persistent Low Fertility Since The Mid-1980's », *Demographic Research*, vol. 19, art. 12, juillet 2008, p. 293-360.

Arnaud RÉGNIER-LOILIER, « L'arrivée d'un enfant modifie-t-elle la répartition des tâches domestiques au sein du couple ? », *Population & Sociétés*, n°461, novembre 2009.

Jean REY, « Breastfeeeding and Cognitive Development », *Acta Paediatrics Supplement*, 2003, 442, p. 11-18.

Isabelle ROBERT-BOBÉE, « Ne pas avoir eu d'enfant : plus fréquent pour les femmes les plus diplômées et les hommes les moins diplômés », *France, portrait social*, 2006, p. 181-196.

Francis RONSIN, *La Grève des ventres. Propagande néo-malthusienne et baisse de la natalité en France, XIXe-XXe siècles*, Aubier, 1980.

Alesandra de ROSE, Filomena RACIOPPI, Anna Laura ZANATTA, « Delayed Adaptation of Social Institutions to Changes in Family Behaviour », *Demographic Research*, vol. 19, art. 19, juillet 2008, p. 665-704.

Alice ROSSI, « A Biosocial Perspective on Parenting », *Daedalus*, 106 (2), printemps 1977, p. 1-31.

Gilza SANDRE-PEREIRA, « La Leche League : des femmes pour l'allaitement maternel (1956-2004) », *Maternités*, *CLIO* (21), 2005, p. 174-187.

Jean-Paul SARDON, « Évolution démographique récente des pays développés », *Population*, n° 1, janvier-mars 2002.

Jane SAUTIÈRE, *Nullipare*, Verticales, 2008.

Vera SCHEDENIG, « Mit einem Kind bin ich da eing'sperrt und kann nimmer raus », *Uber das weibliche Selbstverständnis gewollt kinderloser Frauen*, Wien, Ihr-Land, 2000, p. 61-79.

Geneviève SERRE, « Les femmes sans ombre ou la dette impossible. Le choix de ne pas être mère », *L'Autre, cliniques, cultures et sociétés*, 2002, vol. 3, n° 2, p. 247-256.

Geneviève SERRE, Valérie PLARD, Raphaël RIAND, Marie Rose MORO, « Refus d'enfant : une autre voie du désir ? », *Neuropsychiatrie de l'enfance et de l'adolescence*, n° 56, 2008, p. 9-14.

Michel SERRES, *Le Contrat naturel*, François Bourin, 1990.

François de SINGLY, *Le Soi, le couple et la famille*, Nathan, 1996.

–, *Fortune et infortune de la femme mariée*, PUF, 1987, édition de 2004.

–, *L'Injustice ménagère*, Armand Colin, 2007.

Société française de pédiatrie, *Allaitement maternel. Les bénéfices pour la santé de l'enfant et de sa mère*, publié par le ministère des Solidarités, de la Santé et de la Famille, 2005.

Marsha D. SOMERS, « A Comparison of Voluntary Childfree Adults and Parents », *Journal of Marriage and the Family*, vol. 55, n° 3, août 1993, p. 643-650.

Michelle STANWORTH (éd.), *Reproductive Technologies : Gender, Motherhood and Medecine*, 1987.

Yve STRÖBEL-RICHTER, Manfred E. BEUTEL, Carolyn FINCK, Elmar BRÄHLER, « The Wish to Have a Child, Childlessness and Infertility in Germany », *Human Reproduction*, 2005, vol. 20, fasc. 10, p. 2850-285.

Nicole STRYCKMAN, « Désir d'enfant », *Le Bulletin freudien*, n° 21, décembre 1993.

Nina SUTTON, *Bruno Bettelheim. Une vie*, Stock, 1995.

Elisabeth W. TAVAREZ, « La Leche League International : Class, Guilt, and Modern Motherhood », *Proceedings of the New York State Communication Association*, 2007.

Olivier THEVENON, « L'activité féminine après l'arrivée des enfants. Disparités et évolutions en Europe à partir des enquêtes sur les forces de travail, 1992-2005 », *Documents de travail*, 148, septembre 2007, INED, p. 3-61.

–, « Les politiques familiales des pays développés : des modèles contrastés », *Population & Sociétés*, n° 448, septembre 2008.

Dr Marie THIRION, *L'Allaitement. De la naissance au sevrage*, Albin Michel, 1994 ; rééd. 2004.

Laurent TOULEMON, « Très peu de couples restent volontairement sans enfant », *Population*, 50ᵉ année, n° 4/5, juillet-octobre 1995, p. 1079-1109. Publié par l'INED.

–, *La Fécondité en France depuis 25 ans*. Rapport remis au Haut Conseil de la population et de la famille, janvier 2003.

–, Maria RITA TESTA, « Fécondité envisagée, fécondité réalisée : un lien complexe », *Population & Sociétés*, n° 415, septembre 2005.

–, Ariane PAILHÉ, Clémentine ROSSIER, « France : High and Stable Fertility », *Demographic Research*, vol. 19, art. 16, juillet 2008, p. 503-556.

Elaine TYLER MAY, *Barren in the Promised Land. Childless Americans and the Pursuit of Happiness*, Harvard, University Press, 1995.

Édith VALLÉE, *Pas d'enfant, dit-elle… Le refus de la maternité*, Imago, 2005.

Parance VATANASOMBOON *et al.*, « Childlessness in Thailand : An Increasing Trend Between 1970 and 2000 », *Journal of Public Health and Development*, vol. 3, n° 3, 2005, p. 61-71.

Jean E. VEEVERS, *Childless by choice*, Toronto, Butterworths, 1980.

Glenda WALL, « Moral Constructions of Motherhood in Breastfeeding Discourse », *Gender & Society*, août 2001, p. 592-610.

Lynn Y. WEINER, « Reconstructing Motherhood : The La Leche League in Postwar America », *The Journal of American History*, vol. 80, n° 4, mars 1994, p. 1357-1381.

Janet WHEELER, « Decision Making Styles of Women Who Choose not to Have Children », *9th Australian Institute of Family Studies Conference*, Melbourne, 9-11 février 2005.

Eike WIRTH, « Kinderlosigkeit von hochqualifizierten Frauen und Männern im Paarkontext. Eine Folge von

Bildungshomogamie ? », in *Ein Leben ohne Kinder, Kinderlosigkeit in Deutschland*, Wiesbaden, Verlag für Sozialwissenschaften, 2007, p. 167-199.

Marilyn YALOM, *A History of the Breast*, A. Knopf, New York, 1997. Traduction française : *Le Sein. Une histoire*, Galaade Éditions, à paraître en mai 2010.

TABLE

Cet ouvrage a été achevé d'imprimer sur Roto-Page
par l'Imprimerie Floch à Mayenne en février 2010.
N° d'éd. : L.01EHBN000224.A006. N° d'impr. : 76080. D. L. : février 2010.
Imprimé en France